코로나
이후,
**교회교육을
디자인**하다

코로나
이후,

교회교육을
디자인하다

권순웅, 김수환, 라영환, 방성일,
유은희, 함영주, 허계형 지음

들음과봄

바벨론 강가에 앉아
다시 일어설 준비를

　인류 역사는 코로나 19 이전과 이후로 나누어진다는 말처럼 앞으로 우리는 이전에 당연하다고 여기던 것들을 이제는 더 이상 할 수 없는 그런 삶을 살아가게 될 것이다. 전 세계적인 팬데믹으로 인해 안전과 거리두기가 중요한 사회적 키워드가 되었고, 그 결과 비대면 접촉이 하나의 새로운 트렌드로 자리를 잡았다. 코로나 19로 인해 비대면 접촉이 더 활발해지고 중요하게 되었다. 교회 역시 이전과 같을 수 없는 급격한 변화를 겪고 있다. 하지만 안타깝게도 교회교육은 갑자기 밀려오는 언택트의 파고를 넘어갈 준비가 되어있지 않다. 우리의 다음세대들은 예배와 신앙교육이 무너질 위기에 직면하였다.

　이러한 현실 속에서 지난 7월 16일 총회 다음세대부흥운동본부와 총회 교육개발원 그리고 총신대학교가 함께 '코로나 이후, 교회교육을 디자인하다!'라는 주제로 교회교육 포럼을 진행했다.

지진 해일처럼 갑자기 밀어닥칠 변화의 파고를 어떻게 넘어갈 것인가? 뉴노멀시대에 교회가 제시하는 뉴노멀은 무엇이 되어야 하는가? 이 책은 이런 고민에 대한 대답이다. 코로나 19 이후 사회는 어떻게 변화될 것인가? 그리고 교회는 변화된 세상 속에서 무엇을 지키고 무엇을 바꿀 것인가? 하나님께 예배할 수 없는 상황을 슬퍼하면서 바벨론의 강가에서 시온을 바라보며 울었던 이스라엘 백성들이 그 위기의 시간을 하나님의 백성으로서의 자신들의 정체성을 회복하는 기회로 삼았던 것처럼, 오늘 우리도 코로나 19라는 위기를 기회로 바꾸는 지혜가 필요하다.

김종준 대한예수교장로회총회(합동) 총회장

코로나 이후,
교회교육의 방향과 전략을 짜다

    2020년 한국 사회는 코로나 19로 인해 전례 없는 팬데믹 상황 속에 처해있다. 이로 인해 우리 삶의 거의 모든 영역에서 정상적인 일상을 누리기 어려운 실정이 되었고 새로운 패러다임의 삶을 살아갈 수밖에 없는 상황이 되었다. 정부의 방역 시책에 따라 거리두기가 시행되었고 그동안 당연하다고 생각되었던 사회적 관계들과 거리를 두며 살아가야 하는 현실에 놓였다. 앞으로 우리는 이러한 상황에 점차 익숙해지겠지만 과거와 같은 일상으로 돌아갈 수 없다는 심리적 불안감이 있다.

    코로나 19가 가져온 심리적 불안감은 비단 우리의 사회적 관계에만 영향을 미친 것은 아니다. 우리의 신앙생활에도 직접적인 영향을 미쳤다. 주일 아침에 교회에 가서 예배하는 것이 당연했지만 이제는 더 이상 당연한 일이 아니다. 안타까운 것은 갑작스레 닥쳐온 팬데믹 상황 속에서 교회교육 역시 나아가야 할 방향을 설정하지 못하고 우왕좌왕한다는 것이다. 지금까지 기독교 교육은 면대면 교육을 기반으로 신앙을 전수하였다. 그러나 면대면 교육을 효과적으로 시행할 수 없는 상황이 전개되면서 비대면 교육을 통해 어떻게 신앙을 전수해야 할 것인지에 대해 심각하게 고민해야 하는 상황이 되었다. 그러나 이러한 혼란 속에서 교회학교는 아직 '정답'을 찾지 못하고 있다. 그 결과 신앙교육을 담당하는 교회학교 사역자와 교사들이 많이 불안해 하고 있다.

이러한 현실 속에서 총신대학교가 교회교육에 대한 현재의 문제에 깊이 공감하고 대안을 제시하게 된 것이 매우 고무적이라고 생각한다. 총신대학교는 교단 산하 신학대학으로서 교단 내 교회교육에 대해 비전과 전략을 제시해야 할 책임이 있다. 코로나 19로 교단의 교회교육이 어려움에 처해 있는 이 시점에 총신대학교의 교수들과 교단 내 교회교육에 지대한 관심을 가지고 있는 많은 목회자들을 중심으로 팬데믹 상황 속에서 교회교육이 나아가야 할 방향을 제시하고 구체적인 전략을 제시한 것은 매우 의미 있는 일이다.

이 책은 위드 코로나(With Corona) 시대를 살고 있고 앞으로 포스트 코로나(Post Corona) 시대를 살아갈 교회학교 학생들을 어떻게 가르치고 지도해야 할지에 대한 원리와 방법을 담고 있다. 이 책의 전반부는 코로나 19가 던져준 신학적, 철학적, 교육학적 함의를 다루고 후반부에서는 코로나 19 시대에 유치부, 유초등부, 중고등부 등 교회학교의 각 부서를 어떻게 운영해야 할지에 대한 세부적인 대안을 제시하고 있다. 특히 총신대학교 신학과, 기독교교육과, 유아교육과 교수들이 제시하는 코로나 19 시대 교회학교 운영에 대한 제안은 우리 교단 내 수많은 교회들에게 실질적인 도움을 준다고 확신한다. 아무쪼록 이 책을 통해 뉴노멀의 일상을 맞이하게 될 교회학교 운영에 큰 도움이 되기를 바라며 교회학교 교사들과 사역자들에게 이 책을 권한다.

이 재 서 총신대학교 총장

언택트에서 인택트로
from untact to intact

코로나로 인해 언택트(un-tact)라는 신조어가 일상어가 되었다. 언택트는 접촉을 의미하는 컨택트(contact)에서 '함께'를 의미하는 'con' 대신에 부정을 나타내는 접두어 'un'을 합쳐서 만든 신조어이다. 우리말로는 비대면으로 번역한다. 하지만 엄밀한 의미에서 보자면 언택트(un+tact)가 아니라 온라인택트(online+tact)가 맞다. 비대면이지만 온라인을 통한 커뮤니케이션이 이루어지니 '온택트'가 더 적절한 개념이다.

최근에는 디지털을 통한 커뮤니케이션이라고 해서 디지택(digitact)이라는 신조어도 등장했다. 코로나 이후 현 상황을 설명하는 신조어들이 계속 만들어지는 것은 각각의 신조어들로는 빠르게 변해가는 세상을 담아낼 수 없음을 방증하는 것이다. 신조어의 홍수 속에서 격랑(激浪)의 시대를 헤쳐나갈 지혜는 무엇인가? 이 책은 이런 고민에서 출발한다.

이 책에서 다루어지는 내용은 만남이 어려운 상황 속에서 어떻게 하면 그동안 교회가 강조해왔던 복음의 가치들이 손상되지 않고 보존할 수 있는가에 관한 것이다.

기존의 방식으로는 다음세대 교육이 어려운 시대적 상황 속에서 우리의 다음세대를 믿음 안에서 양육할 방법들을 모색하였다. 그러나 하나님의 말씀을 듣기 위해 '카할(ㅁㄱ)'로 모인 하나님의 언약 공동체로서의 교회의 본질은 변할 수 없고 변해서도 안 된다.

'온전한', '손상되지 않은'이라는 뜻을 가진 인택트(intact)라는 단어가 있다. 코로나의 충격에도 불구하고 손상되지 않은, 손상될 수 없는 복음의 가치, 언택트의 시대에서 인택트를 말하고자 하는 것이 이 책의 목적이다.

지난 5월 코로나가 다시 확산하기 시작할 때 몇 명의 교수들이 함께 모여 코로나로 중단된 다음세대 교육의 문제를 함께 이야기하며 이에 대한 대안을 모색하였다. 이 책은 지난 두 달간의 고민의 결과이다. 교수들의 연구 결과가 온라인을 통해 전국 교회에 전달될 수 있도록 포럼을 주최한 김종준 총회장님과 그 행사를 대학에서 주관할 수 있도록 격려와 지원을 아끼지 않은 총신대학교 이재서 총장님께 감사의 마음을 전한다.

두 분의 노고가 있었기에 교·학 연계 체계가 구축되었고, 대학이 가진 연구 역량을 가지고 교회가 직면한 문제들에 대한 대안을 제시할 수 있었다. 또한 연구가 계속될 수 있도록 지원을 아끼지 않은 광주사랑의교회 박희석 목사님과 하남교회 방성일 목사님께 감사의 말을 전한다. 끝으로 일주일에 한 차례씩 함께 모여 생각을 나누며 생각을 키워나간 동료 교수들에게도 감사의 마음을 전한다.

라영환 교수

PART 2

인택트,
교회교육의 희망을 보다

언택트,
교회의
위기일까?

PART 1

CHAPTER **1**

언택트
시대,
새로운 기회

라영환 교수
(총신대학교, 교육개발원 원장)

‖ 코로나와 한국 교회

　코로나 19가 가져올 구조적 변화는 무엇일까? 그리고 우리는 그 변화된 세계를 어떻게 준비할 것인가? 미래에 대한 논의는 현재에 대한 주도권 싸움이다. 앞으로 만들어질 세계를 누가 어떻게 그려가는가에 관한 것이다. 과거는 인식의 세계이지만 미래는 의지의 세계라는 말이 있다. 미래와 관련된 많은 주장이 있지만 한 가지 확실한 것은 미래는 알 수 없다는 것이다. 알 수 없는 미래를 어떻게 준비할 것인가? 앨런 케이(Alan Kay)는 "미래를 예측하는 가장 좋은 방법은 미래를 만들어가는 것이다."라고 말했다. 어떻게 만들어 갈 것인가? 방향이 중요하다. 어디로 가는 배일지 모를 때는 절대로 노를 젓지 말아야 한다는 말이 있다. '우선 열심히 하다 보면 좋은 일이 있겠지.'라는 무책임한 사고는 항구로부터 더 멀어지게 된다. 길을 잃어버렸을 때는 지나온 길을 되돌아보아야 한다. 지나온 길을 돌아보는 것은 방향성과 관련이 있다. 코로나 19로 인해 모든 것이 혼란스러운 이 시기에 교회의 출발점을 돌아보는 것은 상당히 중요한 의미가 있다.

초대교회는 오늘날 우리가 처한 것보다 더 어려운 상황 속에서 살았다. 당시 사람들에게 복음은 그렇게 매력적이지 못했다. 그들은 신앙 때문에 모든 것을 버려야 했다. 심지어는 목숨을 버려야 했다. 로마로부터 엄청난 박해를 받고 있었고 소문도 좋지 않았다. 그런데 그 시기 아이러니하게도 교회는 무서운 속도로 부흥했다. 지금도 풍문은 좋지 않다. 코로나가 종식되어도 온라인 예배의 편의성에 익숙해진 성도들이 랜선 크리스천에 머물 것이라는 이야기가 심심치 않게 나온다. 예배가 쇼핑이 되어버릴 것이라는 걱정스러운 말도 나온다. 코로나 사태 때 경험했지만 교회는 가십거리가 되기에 너무도 좋은 자료였다. 교회의 미래에 관한 전망은 대부분 암울하다. 하지만 코로나는 교회에 새로운 기회가 될 수 있다고 생각한다.

카타콤에 가면 초대교회 성도들이 그린 그림이 있다. 카타콤의 벽에는 예수 그리스도를 상징하는 물고기, 어린 양을 어깨에 메고 가는 선한 목자 그리고 사자들을 물리치는 예수님의 그림이 있다. 초대교회 성도들은 신앙으로 인해 많은 어려움을 당했다. 믿음 때문에 자신이 가진 모든 것, 심지어는 목숨까지도 버려야 했다. 원형경기장에서 동물의 제물이 되기도 했다. 카타콤의 벽화는 이러한 상황 속에서 살았던 성도들의 소망이 담겨있다. 흥미로운 점은 오해와 박해 속에서 살아야 했던 그 시기에 초대교회는 다양한 형태로 로마 전역에 뻗어 나갔다. AD 100년에 2만 5천 명 정도였던 그리스도인이 AD 310년경에 이르면 2천만 명에 육박하였다고 한다.

> "우리의 숫자가 날마다 증가하고 있습니다. 우리는 위대한 설교를 하는 것이 아니라 위대한 삶을 살아내고 있습니다. 신앙으로 어려움을 당하고 있지만, 우리가 추구하는 그 가치가 너무 귀해 우리를 인내하게 합니다."

200년경에 북아프리카에 살던 한 그리스도인의 고백이다. 초대교회 교인들은 많은 어려움을 당했다. 사람들에게 손가락질 당하고 경기장에서 순교를 당했다. 하지만 그들의 소속감이 아닌 정체성이 그들을 보는 사람들에게 감동을 주었고 사람들을 교회로 인도하였다. 그들은 세상 속에서 믿음으로 살았다. 사회문화적으로 영향력이 미미했던 사람들이 세상을 변화시켰다. 신자들은 예배를 통해 하나님의 말씀대로 살아가며 세상에 있지만 세상에 속하지 않은 다른 삶의 가치를 보여주기 위한 훈련을 받았다.

2세기와 3세기에도 두 번에 걸친 전 세계적인 팬데믹(pendemic) 있었다. 첫 번째 팬더믹은 AD 165년 겨울에 발생하여 15년간 로마 전역으로 확산되어 로마 인구의 4분의 1 이상 목숨을 앗아간 '안토니우스 역병'이다. 두 번째 팬데믹은 AD 251년에 시작되어 262년까지 계속된 '키푸리아누스 역병'이다. 두 번에 걸친 팬데믹으로 인해 많은 사람이 목숨을 잃었고 사회 시스템은 완전히 무너져 버렸다. 당시 지식인들과 종교적 지도자들은 재앙이 던진 시대적 질문 앞에 대답을 주지 못했다. 하지만 교회는 팬데믹이 던진 시대적 질문에 대답할 뿐만 아니라 감염된 환자들을 헌신적으로 돌봄으로써 그리스도의 사랑을 세상에 보여주었다. 안타까운 것은 2세기와 3세기에 일어난 두 번의 팬데믹 기간에는 교회의 현존(presence)이 사람들에게 감동이 되었고 사람들 역시 그러한 팬데믹 속에서 교회의 현존을 원했는데, 지금은 교회의 부재(absence)를 원하고 있다는 것이다.

지금 교회는 혼돈의 시기를 보내고 있다. 이 혼돈의 시기를 극복하기 위해서는 초대교회가 걸어간 길을 되돌아보면서 오늘의 문제에 대한 혜안을 발견하여야 한다. 원숭이는 강풍이 아닌 미풍으로 나무에서 떨어진다고 한다. 교회 성장은 우리를 풍요에 안주하게 했다. 성장이 아니라 성숙이다. 교회는 코로나 19가 몰고 온 위기를 기회로 삼아야 한다. 이 위기를 교회의 본질을 찾는 기회로 만들어가야 한다. 그동안 교회는 공동체의 소속감을 강조하였다. 하지만 많은 교회가 예배와 교회의 모든 공적 모임의 비대면화로 공동체의 소속감을 강화하는 데 어려움을 겪고 있다. 앞으로는 소속감보다는 비전, 가치 혹은 정체성이 더 강조되어야 한다. 초대교회는 모든 것을 버리고 따라갈 가치를 발견했다. 제자들이 예수님을 따랐던 것은 소속감 때문이 아니었다. 많은 이들이 익스트림 스포츠를 즐기는 것은 그것이 주는 위로나 안전감 때문이 아니라 가슴을 두근거리게 하는 도전, 모험심 때문이다. 초대교회 성도들이 예수 그리스도를 따랐던 것은 그들의 가슴을 설레게 하는 두근거림, 두려움, 긴장과 같은 것을 복음에서 발견했기 때문이다. 초대교회를 하나로 묶었던 것은 소속감이 아니라 정체성이었다. 그들은 이 세상에 살고 있지만, 이 세상에 속하지 않은 사람들이었다. 그들은 다른 사람들과 같은 옷을 입고 같은 음식을 먹었지만 다른 가치관을 가지고 살았다.

코로나로 인해 언택트(un-tact)라는 신조어가 일상어가 되었다. 언택트는 접촉을 의미하는 컨택트(contact)라는 단어에서 '함께'를 의미하는 'con' 대신에 부정을 나타내는 접두어 'un'을 합쳐서 만든 신조어이다. 우리말로는 비대면으로 번역한다. 하지만 엄밀한 의미에서 보자면 언택트(un+tact)가 아니라 온라인택트(online+tact)가 맞다. 비대면이지만 온라인을 통한 커뮤니케이션이 이루어지니 '온택트'가 더 적절한 개념이다. 최근에는 디지털을 통한 커뮤니케이션이라고 해서 디지택(digitact)이라는 신조어도 등장했다. 코로나 이후 현 상황을 설명하는 신조어들이 계속 만들어지는 것은 각각의 신조어들로는 빠르게 변해가는 세상을 담아낼 수 없기 때문이다. 신조어의 홍수 속에서 격랑(激浪)의 시대를 헤쳐나갈 지혜는 무엇일까? 만남이 어려운 상황 속에서 어떻게 하면 그동안 교회가 강조해왔던 복음의 가치들을 손상하지 않고 보존할 수 있을까? '온전한', '손상되지 않은'이라는 뜻을 가진 인택트(intact)라는 단어가 있다. 코로나의 충격에도 불구하고 손상되지 않은, 손상될 수 없는 복음의 가치, 언택트의 시대에서 인택트를 찾아야 한다. 그렇게 하기 위해서는 교회란 무엇인가에 대한 질문을 먼저 던져야 한다. 교회의 본질과 사명을 점검함으로써 코로나가 던진 도전을 극복할 수 있는 혜안을 발견하여야 한다.

‖ 교회의 본질과 사명: 코로나가 묻고 교회가 답하다

코로나 19로 인한 언택트의 일상화는 교회에서 예배를 비롯한 모든 교회의 공적 모임을 어렵게 만들었다. 현장 예배가 재개되었지만 주일 참석 교인 수는 코로나 이전과 비교하면 60퍼센트대다. 교인들의 주일성수 인식과 소속감의 약화 그리고 다음 세대 교육의 어려움 등을 염려하고 있다. 향후 한국 교회는 어떻게 변할까? 출석 교인의 감소, 교회학교 학생 수의 감소, 교회 모임의 축소와 같은 부정적인 상황에 대한 응답률이 높게 나왔다. 많은 사람이 염려하는 것같이 코로나는 일시적으로 한국 교회에 충격을 줄 것이다. 그러나 긴 안목에서 보자면 코로나는 교회가 교회 되는데, 교회가 교회로서의 본질과 예수 그리스도께서 이 땅에 교회를 세우신 그 목적을 회복하는 데 도움을 줄 것이라고 나는 믿는다. 예루살렘에서의 핍박이 복음이 확산하는 계기가 되었던 것처럼, 초대교회를 향한 핍박이 오히려 교회를 성장시켰던 것처럼 지금 우리가 맞이하는 위기가 성장과 풍요에 안주해 버린 교회가 교회로서의 모습을 회복할 기회가 될 수 있다.

코로나 이후의 한국 교회는 어디로 가야 할까? 이에 대한 대답은 교회가 무엇이냐는 질문으로부터 출발해야 한다.

구약성경에서 교회를 지칭하기 위해 사용된 단어는 '에다(עֵדָה)'와 '카할(קָהָל)'이 있다. 구약성경에서 '에다'는 관용적으로 이스라엘 회중을 가리킨다. '에다'는 주로 출애굽기로부터 민수기까지의 본문에 등장한다. 구약에서 교회를 지칭하는 또 다른 단어인 카할은 '부르다'에서 온 말로 '모임', '집회', '회중'을 의미한다. 두 용어 사이의 의미상의 차이는 크게 없지만 구태여 번역하지만 '에다'는 더 경험적이고 실제적인 모임을 가리켰고, '카할'은 하나님의 백성으로서의 이스라엘을 나타내기 위해 사용되었다. 아마도 구약성경의 기자들이 '에다'라는 용어보다 '카할'이라는 용어를 선호한 것은 이 단어가 이스라엘과 하나님 사이의 언약 관계를 잘 나타냈기 때문일 것이다. 신명기를 보면 하나님과 이스라엘 백성들이 하나님의 말씀을 듣기 위해 모인 것을 '카할'로 모였다고 말한다(신 9:10). 구약시대의 이스라엘은 하나님을 경외하도록 부름을 받아 모인 백성이었다. 구약의 이스라엘 백성들은 하나님께 대하여 "제사장 나라가 되며 거룩한 백성이" 되어야 했다(출 19:6). 그리고 신약시대에 와서 이스라엘 백성은 하나님의 거룩한 나라 왕 같은 제사장인 교회로 대체된다(벧전 2:9). 신약의 교회는 '하나님의 이스라엘(갈 6:16)'이다.

신약성경에서 교회를 지칭하는 단어로는 '시나고게'와 '에클레시아가' 있다. 신약성경에서 '시나고게(synagoge)'는 대체로 유대인들의 종교적 모임과 그들이 종교적인 모임을 위해서 모이는 장소나 건물을 나타낸다. 하지만 신약성경에서 교회를 지칭하는 가장 중요하고 보편적인 용어는 '에클레시아'이다. 에클레시아는 '~로부터'를 의미하는 '에크'와 '부르다'를 의미하는 '칼레오'의 합성어이다. 원래 이 단어는 정치적이거나 공적인 일을 처리하기 위하여 각자의 처소로부터 부름을 받고 나온 자유 시민들의 모임 곧 민회를 의미하였다. 신약성경의 기자들은 '카할'을 나타내기 위해서 '에클레시아'를 사용했다. 헬라시대에 '에클레시아'는 다음과 같은 세 가지 특징을 가졌다. ① 전령관에 의해 ② 각자의 처소로부터 부름을 받고 나온 ③ 도시 국가의 자유 시민들의 모임 곧 '민회'를 의미하였다. 그리고 ④ 이 민회의 구성원은 자신을 소집한 국가나 지도자 그리고 더불어 사는 이웃 시민들에게 일정한 의무와 책임을 져야 했다. 이러한 의미에서 신약에 쓰인 에클레시아를 다시 정의하자면 ① 하나님에 의해 ② 이 세상으로부터 부름을 받고 나온 ③ 하나님 나라 시민들의 모임이다. 그리고 ④ 교회는 자신을 교회로 불러주신 하나님과 더불어 사는 이웃들에 대해서 일정한 의무와 책임을 져야 한다. 이러한 정의를 통해서 우리는 교회와 세상과의 본질적인 관계, 곧 양자 사이의 구별성과 연관성을 발견하게 되며 나아가 역사 속에 하나님의 교회로 존재하는 교회의 사명이 무엇인지 발견하게 된다.

교회는 하나님으로부터 부름을 받고 나온 하나님 나라 시민들의 모임이다. 교회의 첫 번째 본질은 부름을 받아 나오는 것이다. 교회는 하나님께서 이 세상으로부터 불러내신 사람들의 모임이다. 교회는 세상에서 나왔기 때문에 세상과 달라야 한다. 거룩한 교회라는 말은 교회는 세상과 구별되었다는 것을 의미한다. 교회가 세상과 다르지 않다면 그것은 교회가 아니다.

　동시에 교회는 세상으로 보냄을 받은 공동체이다. "아버지께서 나를 세상에 보내신 것 같이 나도 그들을 세상에 보내었고(요 17:18)." 교회는 세상으로 보냄을 받은 공동체이다. 전술한 것처럼 초대교회의 예배는 외부인에게 닫혀 있었다. 지금처럼 체계적인 조직도 없었다. 200년이라는 짧은 시간에 폭발적인 성장을 가져온 것은 세상으로 보냄을 받은 성도들 때문이었다. 그들은 언약 공동체로서의 자신의 정체성을 분명히 인식하였으며 고백대로 살고 고백대로 죽었다. 그들은 믿음으로 인해 많은 어려움을 겪었지만, 오히려 그것을 믿음의 증거로 여겼다(요 15:19). 소속감의 강조가 모이는 교회라고 한다면 정체성의 강조는 흩어지는 교회이다. 성도들이 복음의 담지자들이 되어 세상에 들어가 세상에서 복음을 증거해야 한다. 예루살렘 교회의 박해 그리고 2세기와 3세기의 박해는 성도들을 흩어질 수밖에 없는 극단적인 상황으로 몰고 갔다. 그리고 역설적으로 모임이 불가능한 그 시점에 흩어짐을 통해서 복음이 확장되었다. 예루살렘 교회의 흩어짐이 부흥의 원동력이 되었던 것처럼 함께 모이지 못하는 이 상황을 교회가 교회되고 하나님의 말씀이 흥왕하는 계기로 삼아야 한다. 모이는 교회에서 흩어지는 교회로 패러다임이 전환되어야 한다.

　그런데 오늘날 우리가 사용하는 교회(church)라는 단어는 에클레시아에서 온 것이 아니라 '주께 속하였음'을 의미하는 '퀴리

아코스(κυριακός)'에서 나왔다. 이 단어는 교회의 기초가 무엇인지 잘 보여준다. 예수님께서는 베드로에게 "내가 네게 이르노니 너는 베드로라 내가 이 반석 위에 내 교회를 세우리니(마 16:18)"하고 말씀하셨다. '베드로'라는 이름의 본래 뜻은 '반석'이다. 반석 위에 교회를 세우겠다는 말은 베드로 개인 위에 교회를 세운다는 것이 아니라 베드로의 신앙고백 위에 교회를 세운다는 뜻이다. 여기서 우리는 교회의 기초가 신앙고백임을 본다. 교회는 예수 그리스도를 나의 생명의 구주시고 내 인생의 주인이심을 믿고 고백하는 사람들의 모임이다. 교회는 고백공동체이다. 교회는 하나님은 왕이시고 나는 하나님의 법대로 살아가겠다고 고백한다. 왕 같은 제사장이며 거룩한 나라임을 고백하는 것이다. 그리고 하나님의 말씀대로 살아가겠다고 고백하는 공동체이다. 초대교회를 특징짓는 것은 소속감이 아니라 정체성이었다. 초대교회 성도에게 그들이 예루살렘 교회에 소속인가 아니면 안디옥 교회 소속인가 하는 것은 결정적인 것이 아니었다. 그들에게 중요한 것은 정체성이었다. 초대교회 성도들이 그 어려운 시기를 지나면서 믿음을 유지하고 세상을 변화시킬 수 있었던 것은 그들이 누구이며 무엇을 위해 부름을 받았는가를 분명히 알고 있었기 때문이다.

신약성경은 또한 교회를 그리스도의 몸(엡 1:22, 5:23, 골 1:18)에 비유한다. 성경이 교회를 '그리스도의 몸'에 비유한 것은 교회가 그리스도와 유기적으로 연합되었음을 나타내는 것이다. 하나의 몸 안에 여러 지체가 유기적으로 연결되어 있기에 연합된 지체

들은 각각의 다양성을 지니면서도 동시에 그리스도로 인하여 통일성을 갖는다. 통일성은 지역 공동체의 다수성과 다양성에 앞선다. 교회의 통일성은 신자들 사이에 존재하는 다양성을 제거하지 않는다. 교회가 그리스도와 연합된 공동체이기에 교회가 없는 곳을 제외하고는 공동체를 떠난 성도는 있을 수 없다. 삶의 동선이 겹치지 않으면 몸이 아니다. 코로나 19로 인해 언택트가 일상화되었지만, 교회는 성도들이 삶을 나눌 방법들을 찾아야 한다. 코로나 이전에 다 같이 모였다면 이제는 두 사람이나 세 사람이 모일 수 있도록 도와야 한다. 두세 사람이 예수님의 이름으로 모이고, 예수님의 말씀을 나누고, 예수님께서 보여주신 발자취를 따라갈 수 있도록 해야 한다. 그동안 모임 중심의 신앙생활을 강조해왔다면 이제는 그것에 더해 흩어지는 교회가 되어 세상 속에서 복음을 실천하는 일상 중심의 신앙을 강조해야 한다.

‖ 언택트 시대의 신앙교육

코로나 19가 가져온 가장 큰 변화 가운데 하나는 언택트(untact, 비대면 접촉)가 하나의 새로운 트렌드로 자리를 잡았다는 것이다. 코로나 19로 인해 사람들은 사람과 사람이 직접 대면하지 않고도 사회가 돌아갈 수 있다는 것을 배웠다. 코로나 19로 인해 재택근무, 온라인 수업이 더 활발해지고 중요하게 되었다. 과거에는 접촉하지 않고 커뮤니케이션한다는 것은 상상도 못 할 일이었다. 그런데 코로나 19는 온라인 콘서트와 같이 직접 현장에 가지 않아도 작업이 가능한 시대가 되었다. 코로나 이후의 시대에는 언택트가 하나의 새로운 기준(new normal)으로 자리잡을 것이다. 교회도 예외는 아니다. 지난 몇 달간 교회는 그동안 경험해 보지 못했던 초유의 경험을 했다. 그중에 대표적인 것이 현장 예배의 위축이다. 교회마다 이 문제를 해결하기 위해서 온라인 예배를 드렸다. 백신이 개발되기 전까지는 현장 예배와 온라인 예배가 병행될 것이다.

교회는 비대면 방식의 언택트 시대를 대비하여야 한다. 안타깝게도 교회교육은 갑자기 밀려오는 언택트의 파도를 타고 넘어갈 준비가 되어있지 않다. 이로 인해 우리의 다음세대들은 예배와 신앙교육이 무너질 위기에 직면하였다. 대면 방식이 어렵다면 온라인으로 해야 한다.

총회는 먼저 52주 통합공과를 영상으로 제작해 공급해줘야 한다. 규모가 작은 교회는 온라인 예배를 드리는 것조차 힘겨워 주일학교 교육을 엄두도 못 내고 있다. 온라인 교육을 감당할 만한 인적, 물적 자원이 없다. 이 부분은 총회가 감당해 줘야 한다. 다행히 총회 교육부에서 계절 학교에 필요한 영상자료를 만들어 보급한다고 한다. 교육부가 제공하는 영상자료 외에 노회나 시찰회 혹은 같은 지역에 있는 교회들이 지역적 정서를 반영할 수 있고 아이들이 공감할 수 있는 자료를 함께 만들어야 한다.

디지로그(digilog)라는 말이 있다. 디지털과 아날로그의 합성어이다. 언택트라는 교육환경 속에서 디지털과 아날로그의 감성을 어떻게 조화시킬 것인가를 고민해야 한다. 비대면으로 전환되는 시기에 우리의 고민은 대면과 비대면을 어떻게 조화시킬 수 있는가가 되어야 한다.

하지만 온라인 교육은 보조재이다. 온라인을 통해서 오프라인으로 이끌고 오프라인은 다시 온라인으로 확장되는 선순환의 고리를 형성해야 한다. 주중에는 부모와 그리고 주일에는 교사들과 대변 비대면을 통한 신앙교육을 할 수 있는 체계를 구축해야 한다. 주중에 받았던 교육을 주말에 함께 나누고 체험할 수 있는 확장 주일학교 개념을 적용해야 한다. 주일은 교회교육의 시작이자 완성이다. 오프라인 교육의 장이 교회라고 한다면 온라인 교육의 장은 가정이 되어야 한다. 그리고 그 핵심은 부모이다. 과거에는 자녀교육이었지만 지금은 부모교육이다. 코로나로 인해 학교와 학원으로 바빴던 아이들이 집에서 부모와 함께 보내는 시간이 많아졌다. 코로나가 가져온 이 변화를 아이들이 신앙 안에서 올바로 설 수 있는 교육의 기회로 삼아야 한다.

기독교적 인격과 성품을 형성하는 가장 근본적인 장소는 가정이다. 가정은 교회에서 배운 것을 내면화시키고 습관화하는 곳이다. 기독교적 인격과 성품을 형성하는 가장 근본적인 장소는 가정이다. 부모들에게는 자녀들을 하나님의 말씀대로 양육할 책임이 있다(신 6:6, 7). 개혁파 전통에서 가정을 신앙교육의 가장 근본적인 장으로 놓치지 않고 붙잡았던 이유도 바로 여기에 있다. 그런데 문제는 청소년기 아이들은 부모가 교사가 되는 것을 싫어한다는 데 있다. 부모가 교사가 아니라 아이들이 신앙 안에서 잘 성장할 수 있도록 돕는 퍼실리테이터(facilitator)가 되어야 한다. 신앙교육의 목적은 지식의 전달을 넘어 성경적 세계관을 가지고 다음세대를 이끌어갈 지도자를 만드는 데 있다. 지식의 전달에 머무르지 말고 역량의 개발로 확장되어야 한다. 사고 중심의 교육과 실현 중심으로 교육이 함께 가야 한다. 사고 중심의 교육은 대면교육과 온라인으로 그리고 실천 중심의 교육은 가정에서 부모와 함께 부모를 통해 이루어져야 한다.

최근에 기독교교육에서도 '교사-학생'의 교수형 패러다임 대신 '신앙공동체-문화화 패러다임(Faith Community - Enculturation Paradigm)'을 이야기하고 있다. 신앙공동체 문화화 패러다임이란 한 개인의 신앙은 신앙공동체 안에서 문화화를 통해 형성된다는 것이다. 즉 교육의 주체가 교사 개인으로부터 공동체로 확장되는 것이다. 한 아이가 성장하기 위해서는 마을이 필요하다는 말이 있다. 신앙 형성도 그렇다. 공동체가 중요하다. 유대인은 한 아이를 성장시키기 위해서 가정과 공동체가 힘을 합쳤다. 교회에서 배운 것을 가정과 공동체에서 습관화시켜서 삶 속에서 실천하도록 해야 한다. 코로나가 가져온 언택트라는 환경이 아이들의 역량을 강화할 기회가 될 수 있다.

<미스터 트롯>, <팬텀 싱어즈>와 같은 경연 프로가 인기다. 이 프로그램의 공통적인 특징은 누가 누가 잘하나를 선별하는 장기자랑이 아니다. 이 프로그램 이전에는 패자는 울고 승자는 웃었다. 그러나 이제는 승자가 울고 패자가 승자를 위로한다. 승자독식(winner takes it all)이 아니다. 탈락자들이 하는 말이 "많이

성장했다."이다. 경연이 아니라 역량 강화이다. 이러한 변화의 키워드를 볼 수 있어야 한다. 지식 중심의 교육을 넘어 역량을 강화하는 방향으로 나아가야 한다. 우리의 다음세대가 미션을 수행하는 가운데 성장하는 것을 도와야 한다. 과거에 문학의 밤과 같은 행사를 통해서 학생들이 자체적으로 준비하고 그 안에서 개인의 역량이 늘어갈 뿐만 아니라 공동체성이 강화되었다. 일종의 팀 스피릿이 형성되었다. 이것이 있어야 한다. 그동안 교회교육은 개인의 성장에 초점을 맞추었다. 세상은 개인적 성취에서 사회적 실현으로 그 강조가 바뀌고 있다. 사고 중심의 교육에 실천 중심의 교육을 더해야 한다. 미래세대가 더 나은 세상을 만들 수 있는 역량을 개발시켜야 한다. 지식에서 행동으로, 성취에서 실현으로 그 강조점이 변해야 한다.

공동체가 중요하다. 예수님께서는 두세 사람이 내 이름으로 모이는 곳에 함께하신다고 말씀하셨다(마 18:15~20). 전체가 모일 수 없다면 작은 공동체로 모여야 한다. 성도들의 삶의 동선이 겹치게 해야 한다. 공동의 추억을 만들어야 한다. 혼자서 예배하는 것보다는 서넛이라도 모여서 안전수칙을 지키면서 함께 예배하게 해야 한다. 초대교회는 지금과 같은 다양한 프로그램이 없었다. 그들의 유일한 프로그램은 함께 모이는 것이었다. 그들은 모이기를 힘썼다. 성전에서도 모였고 집에서도 모였다. 하나님의 말씀을 배우고 찬송과 기도를 드렸다. 모임을 통해 성도들은 서로를 보며 그리스도인의 삶의 모습은 어떠해야 하는가를 배웠다. 사도행전 2장에서 보는 것처럼 공동체적 나눔을 실천했다.

그 안에는 인종의 차별이 없었다. 부자나 가난한 자, 남자와 여자 사이에 차별이 없었다. 예배를 통해 다른 삶의 가치를 배웠다. 세상에 있지만, 세상에 속하지 않은 가치를 배웠다. 그리고 그것을 삶으로 담아냈다. 이러한 초대교회 성도들의 다름은 세상 사람들에게 복음의 증거가 되었다. 이러한 차이를 가져온 것은 복음이다.

언택트 시대의 교육 핵심은 시스템이 아니라 콘텐츠이다. 대학에서 온라인 교육을 하다 보니 처음에는 장비구축이 중요했다. 그런데 시간이 지나갈수록 콘텐츠의 힘이 중요하다는 것을 느끼게 된다. 일선 학교의 경우는 자신이 가르치고 싶은 것을 가르치다가 점점 학생들이 궁금해하는 것으로 전환되었다고 한다. 고구마와 관련한 유명 유튜버가 있다. 고구마 보관 방법에 대한 영상을 올렸는데 조회 수가 200만이 넘는다. 휴대전화 하나로 촬영한다. 장비가 아니라 콘텐츠이다. 우리에게 그런 콘텐츠가 있는지 심각히 질문을 던져야 한다.

공간에 변화가 필요하다. 코로나 19로 인하여 사람들은 밀폐된 공간보다는 개방된 장소를 더 선호한다. 소모임 장소의 벽을 허물고 넓은 공간을 만들어야 한다. 전에는 독서실에서 공부하던 학생들이 노트북을 들고 카페에서 공부하는 시대이다. 교회 공간을 아이들의 접근성을 확대하는 형태로 변형하여야 한다. 예배와 성경공부도 개인이나 가정보다는 작은 단위의 신앙공동체로 함께 모여야 한다. 혼자가 아니라 작은 규모의 또래 집단에서 지식과 경험을 공유할 수 있도록 도와주어야 한다..

코로나 19가 한국 사회에 가져온 가장 큰 변화는 '헬 조선!'을 외치던 젊은이들에게 자부심과 자긍심을 심어주었다는 것이다. 지금의 상황이 그럴 수 있다. 예루살렘의 핍박이 오히려 복음이 흥왕하게 된 계기가 되었던 것처럼, 지금의 위기를 잘 극복하면 오히려 교회가 이 시대의 대안으로 우뚝 설 날이 올 것이다. K 방역의 힘은 전문가의 조언을 정치가들이 받아들였다는 것이다. 교육도 그렇다. 전문가 집단이 있어야 한다. 끊임없이 연구하고 토론하는 집단이 있어야 한다. 언택트 시대의 교육 핵심은 시스템이 아니라 콘텐츠이다. 양질의 콘텐츠를 위해 대학과 총회 그리고 교회가 함께 움직이는 교·학 연계 체계를 구축해야 한다.

바벨론에 포로로 끌려간 이스라엘 백성들은 예배를 드리고 싶어도 드리지 못하는 상황 속에서 시온을 바라보며 울었다(시 137:1). 그런데 그 어려운 시기에 역설적으로 이스라엘은 '하나님의 이스라엘'로서의 자신들의 정체성을 회복하였다. 성경을 보면 모이지 못하고 흩어졌던 시기에 오히려 복음이 흥왕했다. 코로나 19로 모이기 어려운 이 시기에 우리가 추구해야 할 것은 다시 복음으로 돌아가는 것이다.

"모든 은혜의 하나님 곧 그리스도 안에서 너희를 부르사 자기의 영원한 영광에 들어가게 하신 이가 잠깐 고난을 당한 너희를 친히 온전하게 하시며 굳건하게 하시며 강하게 하시며 터를 견고하게 하시리라(벧전 5:10)."

‖ 언택트, 4차 산업혁명을 앞당기다

인류는 바야흐로 4차 산업혁명의 시대에 돌입했다. 1차 산업혁명은 증기기관의 발전으로 시작되었다. 물과 증기의 힘을 이용하여 인간의 노동을 기계로 대치할 수 있었다. 기계화는 생산량의 증가를 가져와 영국의 철 생산량을 기준으로 보면 1760년 3만 톤이었던 것이 50년이 지난 1810년에 와서는 1백만 톤으로 증가하였다. 2번째 산업혁명은 전기에너지로부터 왔다. 전기에너지는 기계화를 통한 대량 생산을 가능하게 하였다. 3차 산업혁명은 컴퓨터와 인터넷의 결합으로 생산의 자동화를 가져왔다. 3차 산업혁명의 특징은 자동화와 인터넷을 통한 커뮤니케이션이다. 4차 산업혁명이란 인공지능(A.I)과 사물인터넷(IoT), 빅데이터(Big Data), 클라우드(Cloud Service)와 같이 디지털 기기와 인간의 융합을 통해 인간과 기계의 잠재력을 극대화하는 산업 시스템을 말한다. 다보스 세계경제포럼에서는 4차 산업혁명이 가져올 미래 사회를 초연결(hyper-connected), 초지능(hyper-intelligent)인 사회라고 정의하였다. 지금 인류는 이제 막 시작된 4차 산업혁명을 경험하고 있다.

코로나 19는 그 변화의 속도를 가속화했다. 비대면 교육에 대한 요구는 이전부터 있었지만 코로나 19는 단 몇 달 만에 대한민국의 교육 시스템을 완전히 바꾸어 버렸다. 스마트 워크라는 단어가 2009년에 처음 등장했는데, 지난 십여 년간 수많은 노력에도 불구하고 이루어지지 않았던 스마트 워크 시스템을 구축하게 하였다. 클라우스 슈밥(Klaus Schwab)은 "우리의 생활방식과 일하는 방식 그리고 다른 사람과 관계를 맺는 방식까지 완전히 뒤바꿔 놓을 기술혁명이 눈앞에 와있다."라고 주장했는데 코로나 19로 인해 그것을 피부로 느끼고 있다. 지금은 코로나 19가 당면과제이지만, 결국 교회가 맞닥트려야 할 과제는 4차 산업혁명이다. 눈앞에 일어난 현상만 바라보다 다가올 4차 산업혁명의 파고를 대비하지 못하면 지금보다 더 커다란 혼란에 빠질 것이다.

4차 산업혁명과 관련하여 우리가 주목하여야 할 것은 4차 산업혁명에 대한 문제는 단지 경제나 산업구조를 넘어선 세계관의 문제라는 점이다. 산업의 변화는 단순한 산업구조의 변화를 넘어 사회질서의 변화와 개인의 삶의 구조와 양식의 변화를 가져왔다. 1, 2차 산업혁명은 새로운 에너지 자원의 발견으로부터 왔다. 1차 산업혁명은 사회구조에도 영향을 미쳤다. 토지를 기반으로 한 귀족과 지주세력에서 산업을 기반으로 한 부르주아로 부의 이동이 생겼으며, 근대적인 국가가 형성되었다. 2차 산업혁명의 결과로 산업조직은 구조화되었고 사회도 근대적 계층구조(Modern Hierarchy System)를 갖게 되었다. 3차 산업혁명은 1, 2차 산업혁명과 새로운 의사소통 시스템의 발견으로부터 비롯되었다. 컴퓨터의 등장으로 인류는 디지털 혁명이라는 세 번째 혁명을 맞이한다. 디지털 혁명이 가져온 변화는 상호연결과 수평이었다. 사회구조도 과거와 같이 수직적인 구조가 아닌 수평적인 구조로 변화되었다. 아직 4차 산업혁명이 진행 중이라 그것이 가져올 변화가 무엇인지 확실하게 예측할 수 없다. 그러나 한 가지 분명한 것은 그 변화는 경제 구조나 사회 구조를 넘어서 인간성의 문제까지 영향을 미칠 것이라는 점이다. 클라우스 슈밥은 "4차 산업혁명은 인간 본성의 정수인 창의성, 공감, 헌신을 보완하는 보완재의 역할을 하며, 우리의 인간성을 공동운명체라는 생각에 바탕을 둔 새로운 집단적 윤리의식으로 고양시킬 수도 있다."라고 주장한다. 4차 산업혁명이 단순한 제조와 서비스가 융합되는 경제체제를 넘어 인간의 가치체계에 영향을 준다는 슈밥의 말은 주목할 필요가 있다. 과거에는 가치체계가 물질세계에 영향을 주었는데 이제는 물질세계가 가치체계에 영향을 줄 수 있다고 대담하게 선언해 버린 것이다. 인간성이 정신의 문제가 아니라 물질의 문제가 되어 버렸다.

이러한 시대적 도전 앞에서 교회는 어떻게 해야 할까? 19세기 초 영국에서 일어난 러다이트운동(Luddite Movement)과 같이 시대 흐름을 대적하는 것으로는 문제를 해결할 수 없다. 막아선다고 해결되지 않는다. 오히려 세상의 변화를 파악하고, 그 변화하는 세상에 선제적으로 대응해 나가야 한다. 지금부터 500년 전에 종교개혁가들은 중세가 한계에 도달했을 때 새로운 표준을 만들어 새 시대를 열었다. 중세와 구별된 새로운 질서를 만들었던 종교개혁 정신을 이어받아 아직 확정되지 않은 미래를 성경에 기초한 개혁주의적 인생관과 세계관을 토대로 만들어가야 한다.

삶은 세계관 싸움이다. 네이버 사전으로 자연을 검색하면 "사람의 힘이 더해지지 않고 세상에 스스로 존재하거나 우주에 저절로 이루어지는 모든 존재나 상태"라고 정의한다. 네이버 사전에서 말하는 자연에 대한 이해는 성경에서 말하는 자연과 근본적으로 다르다. 성경은 이 세상이 하나님의 창조물임을 선언한다. 그런데 네이버 사전은 자연은 스스로 존재하거나 우주에 저절로 이루어지는 모든 존재나 상태라고 함으로써 마치 자연이 하나님과 같이 스스로 존재하는 것으로 인본주의적 정보를 사람들에게 주입하고 있다. 이 예에서 볼 수 있듯이 우리가 매일 이용하는 포털 사이트에서 제공하는 정보들이 우리가 인식하지 못하는 사이에 인본주의적인 가치관을 사람들에게 주입하고 있다는 것을 주목해야 한다. 따라서 교회는 인본주의적 세계관에 맞서 대응담론(Counter Narrative)을 제시할 수 있도록 도와주어야 한다.

우리 아이들은 학교에 가면 인본주의적 세계관 위에 형성된 교과목을 배우게 된다. 대단히 심각한 문제이다. 미국의 교육학자 존 던피(John Dunphy)는 이렇게 주장한다.

"나는 새로운 신앙을 전하는 것이 자신의 역할임을 자각한 교사들, 즉 모든 인간 존재에게 인본주의적 종교를 전하는 것이 소임임을 바르게 자각하는 교사들 덕분에 공립학교 교실에서 인간의 미래에 대한 도전이 계속될 것이라고 확신한다. 이러한 교사들은 교회의 강단에서 열의를 다하는 설교자와 마찬가지로 유치원생을 가르치든 혹은 대학생을 가르치든 그 대상과 수준에 관계없이 교실에서 인본주의적인 가치를 전하기 위해 변함없는 이타적인 헌신을 나타내야만 한다. 교실은 옛것과 새것 사이의 문제를 해결하고, 악과 고통이 가득한 기독교를 물리치며, 기독교에서 실현하지 못한 이상적인 이웃사랑을 마침내 성취시켜줄 수 있는 것이 오직 인본주의뿐이라는 새로운 믿음을 전하는 전투장이 되어야 하며 분명 그렇게 될 것이다. 이러한 전투는 장기적으로 진행될 것이고 고통을 수반하겠지만 인본주의는 분명히 승리할 것이다. 인간 존재가 살아있는 한 인본주의의 승리는 확실하다."

심각한 도전이다. 부모들이 자녀를 학교에 보내거나 다양한 프로그램에 참여하게 하는 것으로 교육의 책임을 다했다고 생각하는 경향이 있다. 잘못된 태도이다. 아이들의 영혼을 망가트리는 것이다. 위탁은 필요하지만 동시에 우리는 우리의 자녀들을 헛된 철학과 세상의 속임수로부터 보호하고 모든 생각을 사로잡아 그리스도께 복종시키는 일을 감당하여야 한다. 종교개혁의 핵심이 신앙과 삶의 장벽을 허문 것인데 오늘날 교회는 이 무너진 담을 다시 쌓아가고 있다. 종교개혁은 삶을 바꾼 것이다. 우리의 삶 전체를 그리스도께 복종시키게 한 것이다. 이러한 종교개혁의 기치는 유럽 사회를 완전히 새로운 방향으로 가게 하였다. 그런데 시간이 지나가면서 거룩한 것과 거룩하지 않은 것이라는 이분법으로 세상을 바라보고 있다. 정치, 경제, 사회, 문화, 교육, 예술, 철학과 같은 영역에서 인본주의자들에게 지배적인 자리를 빼앗겨 버렸다.

교실은 중립적이지 않다. 우리의 아이들은 인본주의와 신본주의의 갈림길에 있다. 이러한 면에 있어서 교회교육은 아주 중요한 의미가 있다. 종교개혁 전통을 따라 가정과 교회와 학교가 하나로 연결된 교육생태계를 조성하고 다음세대가 성경적 세계관을 가지고 세상을 변화시킬 변혁자로서 살아갈 수 있도록 교육하여야 한다. 이러한 면에 있어서 교회는 신앙교육의 플랫폼이 되어야 한다. 성경에 기초한 기독교적 세계관을 보급, 제작, 배포하여야 한다. 다음세대가 살아가면서 부딪히게 될 문제들에 대해서 선제적으로 대응하여야 한다. 젊은 세대를 품는다는 것은 젊은이들의 질문을 듣고 그에 대한 대답을 성경을 기반으로 합리적으로 설명하는 것을 의미한다. 어른세대가 느끼는 문제와 다음세대가 느끼는 문제가 다르다. 다음세대들의 고민을 듣고 그에 대한 성경적 대답을 들려주어야 한다. 종교개혁가들에게 신앙교육은 성경 지식의 전달을 넘어선 삶의 전 영역을 포괄하는 것이었다. 인본주의적 세계관의 토대 위에 만들어진 교과과정의 텍스트를 분석해서 그에 대한 대응 담론(Counter-narrative)을 들려주어야 한다.

4차 산업혁명을 이야기하는 학자들이 공통으로 꼽는 미래사회에 필요한 덕목들을 정리하면 '포용성(Inclusiveness), 넓은 시야(External Focus), 명확한 사고(Clear Thinking), 상상력과 용기(Imagination & Courage) 그리고 전문성(Expertise)이다. 세계경제포럼 미래고용보고서에 의하면 2020년의 교육목표로 "(1) 복잡한 문제를 푸는 능력 (2) 비판적 사고 (3) 창의력 (4) 사람 관리 (5) 협업능력"을 꼽았다. 지난 2015년 우리나라 교육부에서도 이러한 세계적 흐름에 발맞추어 개정 교육과정 6대 핵심역량을 선정하였다. 그것은 자기주도, 창의적 사고, 의사소통, 공동체, 심미성, 지식정보처리능력이다. 이 가운데 자기주도, 의사소통, 공동체, 심미성, 창의성은 교회가 잘 할 수 있는 영역이다. 4차 산업혁명 시대에 필요한 역량으로서 사회적 책임과 공공성이 부각되고 있다. 공공성 혹은 공동체 사회적 약자에 대한 배려는 교회가 그동안 강조해왔던 것들이다. 공동체는 기독교의 중요한 가치이다. 모이제스 나임(Moisès Naim)이 《권력의 종말(The End of Power)》에서 주장하는 것처럼 계란으로 바위를 깰 수 있는 시대가 도래했다. 오늘 우리는 권력의 지각변동을 경험하고 있다. 파워 엘리트들이 권력을 독점하고 향유할 수 있는 기회가 점점 더 줄어들고 있다. 누구도 혼자서 문제를 해결할 수 없다. 여기에 필요한 것이 협업 능력이다. 미래사회에 필요한 덕목으로 공동체를 꼽는 이유가 바로 여기에 있다. 혼자서는 살아갈 수 없는 미래시대에 인간은 서로 협력해야 한다. 협업 능력에는 공감 능력과 타인에 대한 존중과 배려 그리고 더불어 살아가려는 삶의 태도가 포함될 것이다. 이러한 협업 능력은 성경에서 이미 강조하고 있다. 인성에 대한 강조 역시 교회가 지금까지 잘 해왔던 영역이다. 시민성 혹은 공공성도 구약성경에서부터 지속해서 강조했던 것들이다. 이러한 관점에서 보자면 교회가 만들어내는 인재상이 세상이 필요한 인재상이 된다. 교회교육을 통하여 기대하는 인재상이 세상이 요구하는 인재상임을 보여주어야 한다. 교회에서 교육을 잘 받으면 건강한 그리스도인이 됨과 동시에 건강한 사회구성원이 됨을 보여주어야 한다. 우리는 성경을 통해서 그들이 희미하게 알고 있었던 그것이 바로 이것이라고 제시하여야 한다. 그렇게 해서 기독교가 이 시대의 대안임을 보여줄 수 있어야 한다.

교회는 성도들이 말씀과 기도로 무장되어 십자가의 원리를 따라 살아가며 사랑과 섬김을 실천하고, 이웃과 더불어 살아가는 청지기적 사명을 감당하는 것을 도와주어야 한다. 세상을 향한 동기를 부여하고 실력을 배양하며 정치, 경제, 사회, 문화에 기독교적 가치관을 심을 인재를 양성하여야 한다. 다음세대들이 성경적 세계관을 가지고 세상을 바라보고 성경적 원리로 무장하여 세상을 변혁할 수 있는 역량을 개발시켜야 한다. 도덕적 우월성 역시 다음세대를 위한 교육의 핵심가치가 되어야 한다. 다음세대를 위한 교회교육은 학습자인 다음세대에게 그리고 세상에 기독교가 이 시대의 대안임을 보여주는 데까지 확장되어야 한다. 한국 교회가 공교육의 위기를 극복하기 위하여 대안 교육에 관심을 두고 많은 기독대안학교들을 설립하여 기독교 세계관에 입각한 교육을 하는 것은 참으로 고무적인 현상이다. 하지만 학생들의 대부분은 공교육기관에서 공부하고 있다. 예수님께서 잃어버린 자들을 찾아가신 것처럼 우리도 캠퍼스로 가야 한다. 캠퍼스로 가서 헌신된 기독 교사들을 기독교 세계관으로 무장시켜 교사들로 하여금 인본주의와 맞서게 하여야 한다. 존 더피가 교실을 인본주의 확장의 토대로 삼았던 것처럼, 교사들이 종교개혁의 전통을 따라 교실에서 신본주의를 확신시킬 수 있도록 도와주어야 한다.

다음세대들이 미래사회의 주역이 되게 하려면 교회교육 방법이 변해야 한다. 주입식과 암기를 강조하는 교육을 넘어 지식을 채워나가는 교육이 아닌 내면화하는 교육을 하여야 한다. 그동안 교회교육은 주입식 교육을 해왔다. 지식을 채워 나가는 교육이 아니라 질문을 하고 대답하는 성찰을 훈련하는 교육을 해야 한다. 질문과 대답은 내 생각을 키우는 말들이다. 질문이 있으면 대답을 찾게 되어 있다. 생각하는 힘을 길러주어야 한다. 지금까지의 교육은 암기와 주입의 표준화된 교육이었다. 지식전달의 주입식 교육이 아닌 학생들 스스로 답을 찾고 생각하는 방식으로 전환되어야 한다. 다음세대가 살아갈 세상은 우리가 준비한 답을 요구하지 않는다. 각자 스스로 생각해서 삶으로 풀어내야 한다. 그동안 우리는 정답을 찾는 훈련만 해왔다. 주어진 대답을 하는 것이 편했다. 스스로 질문을 던지고 대답하고 풀어가는 훈련을 받아 보지 못했다. 성경을 읽고 해석하고 그것을 자신의 삶에 적용하는 훈련을 해야 한다. 자신의 논리를 개발하는 훈련을 해야 한다. 지금 공교육은 문제풀이 중심교육에서 문제 해결중심으로 그리고 개인적 성취에서 사회적 실현으로 이동하고 있다. 교회교육도 아이들이 더 나은 세상을 만들 수 있는 역량을 개발하는 방향으로 나아가야 한다. 신앙교육의 강조점이 개인의 성장을 넘어선 공동체의 성장으로 확장되어야 한다. 세상을 더 나은 곳으로 바꾸고 그 과정에서 개인이 성장하는 것이 목표가 되어야 한다.

‖ 질문을 바꾸면 답이 보인다

지금부터 500년 전에 '노(No)답'을 외치던 시대에 하나님이 답임을 외쳤던 개혁가들과 같이 복음이 답임을 이야기해 주어야 한다. 이렇게 하기 위해서는 먼저 세상이 말하는 담론을 잘 보고 그것을 성경적 세계관으로 채워주어야 한다. 안타깝게도 그동안 우리는 세상에 대해서 아니라고만 했지 우리가 만들고 싶은 세상이, 우리가 살아갈 세상이 무엇인지를 보여주지 못했다. 교회는 지금부터 500년 전의 종교개혁가들과 같이 망해가는 세상에 대해 아니라고 말할 뿐만 아니라 대안이 무엇인지 분명하게 보여줄 수 있어야 한다. 질문을 바꾸면 대답이 보이는 법이다. 우리의 질문은 변화된 시대에서 어떻게 살아갈 것인가가 아닌 새로운 시대를 만들기 위해서 무엇을 할 것인가로 바뀌어야 한다.

다음세대가 살아가면서 부딪히게 될 문제들에 대해서 선제적으로 대응하여야 한다. 다음세대에게 성경 지식과 함께 기독교 세계관, 기독교적 인성 형성, 기독교적 자기 계발 등을 가르쳐 주어야 한다. 교회는 우리의 다음세대가 미래 사회를 주도할 수 있는 역량을 개발하도록 도와주어야 한다. 다음세대의 문제 해결 능력을 길러주어야 한다. 주어진 상황에 대한 정답이 주어지지 않은 시대다. 우리가 새로운 답을 만들어 가야 할 시대가 왔다. 우리의 다음세대가 답을 만들어갈 수 있는 역량을 개발시켜야 한다. 다음세대가 그들이 살아갈 세상의 '뉴노멀'을 제시할 수 있도록 도와주어야 한다. 교회교육을 통하여 기대하는 인재상이 세상이 요구하는 인재상임을 보여주어야 한다. 교회에서 교육을 잘 받으면 건강한 그리스도인이면서 동시에 건강한 사회구성원이 된다는 것을 보여주어야 한다. 그리고 대안 교육을 넘어 공교육에 대한 기독교적 대안을 제시하는 데까지 나아가야 한다. 이것이 종교개혁의 정신을 이어가는 것이다.

CHAPTER 2

코로나 19 언택트 시대의 다음세대 부흥운동

권순웅 목사
(총회 다음세대부흥운동본부장, 총신신대원 초빙교수, 주다산교회 담임)

‖ 언택트 소비 시대, 문화가 되다

거리를 나가면 이어폰을 끼고 다니는 학생들을 쉽게 볼 수 있
다. 음악을 듣고 있겠지만, 아닐 수도 있다. 어쩌면 나에게 말 걸
지 말라는 신호일 수도 있다. 다른 사람과의 접촉을 거부하겠다
는 의미이기도 하다. 서울대학교 소비트렌드분석센터는 지난
2018년부터 소비 트렌드의 하나로 언택트(untact)를 주목했다. 언
택트란 접촉을 의미하는 콘택트(contact)에 부정관사 'un'을 붙인
신조어다. 즉, '접촉하지 않는다.'라는 의미로 소비자를 대면하지
않고도 각종 서비스 제공이나 판매 행위가 가능하다.[1]

예를 들면, 스타벅스에서는 '사이렌 오더'라는 모바일 앱을 기

---

1   연합뉴스 동북아센터, "마이더스", 권1호. (2018), 102-103.

반으로 매장에서 2km 떨어진 곳에서도 커피를 주문하고 결제한다. 그러다 보니 줄을 서서 기다릴 필요 없이 매장에 와서 주문한 커피를 받으면 된다. 커피뿐이겠는가? 패스트푸드점은 말할 것도 없고, 분식점, 의류나 화장품, 쇼핑몰, 극장, 의료, 심지어는 숙박업까지 종업원 없이도 얼마든지 서비스를 이용할 수 있게 되었다. 이는 키오스크(무인 안내기), 가상현실 기기, AI 활용 등 과학 기술의 발달로 가능해진 것이다. 무엇보다 현대 사회를 살아가는 사람들의 기호 변화와 소비 성향이 그 동인(動因)이다.

코로나 19로 사회, 경제 패러다임이 변화되었다. '사회적 거리 두기'에서 시작해서 '언택트 소비'가 일상화가 되고 이제 하나의 문화로 자리 잡았다.

2020년 3월을 기준으로 전년 동월 대비하여 온라인 매출은 16.9% 증가하였지만 백화점이나 대형 마트, 편의점과 같은 오프라인 유통업의 매출은 17.6% 감소를 보였다. 그뿐만 아니다. 온

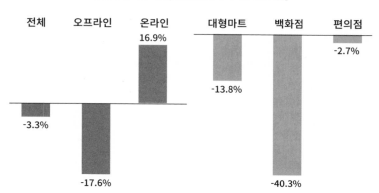

[2020년 3월 기준, 전년동월 대비 매출증감률]

자료 : 산업통상자원부(2020), <매출동향조사>.

라인 쇼핑몰의 판매 비중이 2019년의 경우 40% 미만이었다면, 올해는 50%를 초과할 것으로 예상하고 있다.[2] 근무 형태 역시, IT 기업이나 대기업을 중심으로 직장인의 약 10만 명이 재택근무를 했다. 이를 위해 그룹 메신저, 원격회의, 원격제어 등을 활용했다.

교육도 예외는 아니다. 교육부는 지난 4월 20일을 기준으로 전국 초중고생 540만 명을 대상으로 온라인 개학을 하고, 실시간 및 녹화로 수업을 진행하며, 교육 방송 콘텐츠 서비스를 제공하고 있다.

정부는 포스트 코로나 19의 언택트 문화를 대비하자며, 4차 산업혁명의 초연결과 초지능의 가속화를 도모하고, 디지털 전환을

---

2 배영임, 신혜리, "코로나 19, 언택트 사회를 가속화하다, 이슈&진단", 경기연구원. (2020), 1. 보고서의 쟁점과 대안을 통해, 언택트 서비스 인식조사 결과와 그 대응력을 피력하고 있다. 애프터 코로나 19 비대면 소비 비중이 비포 코로나 19 때보다 1.6배 증가할 것을 예상했다. 원격의료(24.7%) 관련 산업의 중점 육성이 필요한 것으로 나타났다. 이는 의료기관 접근성 향상(27.5%)을 위해 필요하고, 이를 위해 개인정보 보호를 위한 보안기술 개발과 제도화(22.9%)가 매우 중요한 고려사항으로 답했다. 현행 온라인학습은 학습효과 저조(25.8%)가 불만족스럽다(56.3%)는 대답이 높고 효과적인 원격학습을 위해 에듀테크(인공지능, 가상/증강현실, 게임 등)의 도입(22.8%)이 가장 시급하다고 나타났다. 재택근무 경험자 대부분은 원격근무에 대해 찬성했으며(81.6%), 원격근무가 새로운 근무형태로 정착하기 위해서는 기업 문화의 개선(35.6%)과 스마트오피스 등과 같은 업무 공간의 확충(15.5%)이 필요하다고 답했다. 경기도는 포스트 코로나 19 시대 언택트 혁신 선도를 위해, 언택트 테스트베드 전략을 추진하면서 그에 따른 대응력을 네 가지로 제시했다. 첫째, 디지털 이노베이션랩 구축으로 언택트 비즈니스 혁신을 위한 혁신거점센터를 세우고, 기술·솔루션 개발, 사업화 실증 프로젝트를 추진해야 한다는 것이다. 둘째, 원격 공공 헬스케어 플랫폼을 개발·운영하여 원격의료 플랫폼 구축하는 것이다. 셋째, 에듀테크 기반 원격학습 플랫폼 개발·보급하여 인공지능, 가상/증강현실 등 에듀테크 기반 학습플랫폼(콘텐츠)을 통해 학습 효율과 효과를 높인다는 것이다. 넷째, 스마트워크 스테이션의 설치를 통해 접근성을 고려한 사무공간이나 화상회의실 등의 원격근무 수요에 대응할 것을 피력한다.

통한 뉴노멀 시대를 전망하고 있다. 그러면서 3대 프로젝트로 디지털 인프라 구축, 비대면 산업육성, SOC 디지털화[3]를 제시했다.

KISTEP 온라인 포럼을 개최하여 뉴노멀 시대를 위한 8대 영역, 25대 유망 기술을 선정하였다. 그 중 6대 영역인 헬스케어, 교육, 교통, 물류, 문화, 정보 보안과 이와 관련된 17대 유망 기술은 다음과 같다.

[포스트 코로나 19 영역별 유망 기술 전망][4]

6대 영역	유망 기술	활용 분야
헬스케어	• 디지털 치료제 • AI 기반 실시간 질병진단 기술 • 실시간 생체 정보 측정·분석 기술	원격의료 실시간 건강관리
교육	• 실감형 교육을 위한 가상·혼합현실 기술 • AI·빅데이터 기반 맞춤형 학습 기술 • 온라인 수업을 위한 대용량 통신 기술	원격학습 특수교육
교통	• 감염의심자 이송용 자율주행차 • 개인 맞춤형 라스트마일 모빌리티 • 통합교통 서비스(MaaS)	무인 자율 주행 위한 대응
물류	• ICT기반 물류정보 통합플랫폼 • 배송용 자율주행로봇 • 유통물류센터 스마트화 기술	디지털 배송 관리 무인배달 서비스
문화	• 실감 중계 서비스 • 드론 기반의 GIS구축 및 3D 영상화 기술	스포츠, 예배, 공연 중계 관광지 VR서비스
정보 보안	• 화상회의 보안성 확보기술 • 양자얽힘 기반의 화상통신기술 • 동형암호 이용 동선 추적 시스템	화상회의, 원격학습, 원격의료 등 보안

자료: KISTEP 온라인 포럼(2020.4.29.), '코로나 19가 바꿀 미래'의 발표 자료를 발췌하여 재구성.

---

3   배영임, 신혜리, 앞의 보고서, 4.
4   배영임, 신혜리, 앞의 보고서, 2-3. 재인용.

언택트 시대 대비는 우리만의 과제가 아니다. 전 세계가 코로나 19 이후로 디지털 기술혁신과 언택트 소비시장의 급성장을 예상하고 있다. 단순한 예로 무인 카페나 편의점 등 중국의 무인 상점 매출 규모와 이용자 수는 연평균 2배 이상 성장하고 있다. 2017년 389억 위안의 거래 규모로 약 6백만 명이 이용한 것이 2022년에는 1조 8,105억 위안(연평균 115.5% 성장)으로 그 이용자 수는 2억 4,500만 명(연평균 110.5% 성장)으로 전망하고 있다.[5] 이처럼 언택트 시대의 도래로 비대면 소비문화가 형성되었다. 이는 사람들에게 편리와 시간 절약의 효율성을 가져왔다. 그리고 소비자 대부분(10명 중 9명)이 만족하고 있다.

그렇다면 교회는 어떠한가? 언택트 문화에 대하여 교회는 어떤 입장이며 무엇을 얼마만큼 대비했을까? 2천 년 동안 예배를 중단하는 일이 없던 교회가 눈에 보이지 않는 바이러스 때문에 현장 예배를 중지시켰다. 바이러스로 인한 위기 상황은 신자들의 모임(성도)을 흩어지게 했다. 잠시 잠깐 임시방편 삼아 온라인을 수단으로 현장 예배를 중계하거나 설교를 전달하고자 했던 비대면 수단 활용이, 이제는 이전에 경험하지 못한 새로운 환경에 대응하는 언택트 문화로 나타나면서, 교회 예배의 현장성은 매우 난감한 상황에 부닥쳤다. 이미 경험해버린 언택트 문화를 대비하지 못해 속수무책인 모습이 한국 교회의 현재라고 해도

5   배영임, 신혜리, 앞의 보고서, 5.

과언이 아니다.

‖ 언택트 시대에 교회의 방향

코로나 19로 인해 마스크, 사회적 거리, 느슨한 연대, 재택근무 등 비대면 사회와 시대를 경험하고 있다. 이러한 경험은 한국 교회에 지대한 영향을 미치고 있다. 화상회의, 자택근무 등은 이미 기업이나 학교에서 활성화되고 사회적 트렌드가 되었다. 언택트 문화가 정착하면, 대부분의 기업들이 경영방식이나 경제성을 고려해 비대면 체제를 더 개발하고 수용할 것이다. 문제는 종교 단체이다. 종교는 그 특성상 일정 기간 일정한 장소에 모여야 하기 때문에 접촉을 거부하는 시대 문화는 문제가 된다. 현실이 그렇다보니 한국 교회는 현장 예배를 온라인으로 전환하게 되었다. 그리고 예배의 현장성과 온라인 매체의 활용에 관한 한국 교회 예배에 관한 신학적 해석과 검증이라는 숙제를 안게 되었다.

예배당 시설 사용을 중지한 후에도 예배를 존속하는 최선이자 유일한 수단은 인터넷 생중계 또는 온라인 매체를 통한 중계 방식이었다. 문제는 그 기간이 장기화되면서 다시 모이기 위한 대안으로서의 온라인 예배가 더 이상 이전의 회집을 기대하지 못할 만큼 익숙해졌다는 것이다. 그만큼 위기 상황에 사회의 흐름과 문화 조류가 성도들 마음의 동기가 되어, 성도 스스로가 그것을 당연하게 여기고, 언택트 문화에 쉽게 동의하고 선택하는 것이다. 결국 교회의 물리적 공간은 시대 문화가 만든 그럴 듯한 명분과 한계 앞에 점점 그 가치와 존립의 목적을 망각해 가고 있다.

물론 교회만의 문제가 아니다. 세계적으로 유명한 오프라인 행사들, 예를 들면 패션쇼나 박람회, 세미나 또는 회담 등이 언택트 시대에 맞는 전략과 대응력을 개발하지 못한다면 결국 사양길로 들어설 것이다.

사실 언택트 사회의 도래를 예측하고 있었다. 문제는 이에 대해 한국 교회가 민감하지 못했다는 것이다. 더 심각한 것은 성도 스스로가 교회의 현장 예배에 대해 그 참석 여부를 스스로 판단하기에 이르렀다는 것이다. 사실 이러한 판단은 사회 문화와 시대 흐름에 근거를 두었지, 성경이나 신앙의 양심에 두지 않았다.

코로나 19 사태가 끝나면 다시 모일 수 있을까? 솔직히 장담하기 어렵다. 이미 우리 사회는 가상현실이나 온라인 미팅, 사이버 커뮤니티 등에 참여하고 활동해 보았기 때문이다. 다양한 온라인 경험을 한 사람들은 이전으로 돌아가지 않을 것이다.

그런 점에서 교회는 언택트 문화에 어떻게든 대처하려는 시도를 하고 있다. 비대면 사회 현상에 대해 어떠한 대처를 하고 있는지 몇몇 교회의 사례를 통해 살펴보자.

주일 현장 예배 참석을 사전에 신청 받아서 참석 여부를 알리고 참석하지 못하는 성도는 온라인 중계로 예배 실황을 참여하고 있다. 또한 코로나 19 확산을 예방하기 위해 예배당 내의 생활 거리 및 준수 사항을 철저히 지킨다. 또 여름 행사 및 각종 말씀

집회를 현장과 온라인 매체를 통해 실시간 중계한다. 성도들 간에 감사편지 릴레이, 지역민들에게 격려와 위로의 선물을 택배로 보내기 등 지역과 함께 어려운 상황을 극복하려 노력하고 있다. 비대면 온라인 대심방을 하는 교회도 있다. 외국의 교회도 언택트 시대를 대비하고 있다.

코로나 19 이후에는 이전으로 돌아가지 못하고 새로운 모습이 될 것이다. 그리스도의 제자를 세우고 하나님 나라를 확장하자는 교회의 사명과 목적은 바뀌지 않지만, 이러한 것을 위한 성도의 필요와 교회의 대응은 달라질 것이다.

예를 들면, 미국의 새들백교회는 코로나 19 이후 교회의 변화

<수영로교회 지역민을 위한 선물택배 광고>

<안산 꿈의교회 온라인을 통한 비대면 대심방>

를 예측하고 대비하고자 다음과 같은 다섯 가지 대안을 제시했
다.[6]

  (1) Anytime Accessibility : 언제든 교회를 찾을 수 있다(예 : 예배 녹화 영상).

  (2) Real time Delivery : 실시간 상담 가능한 온라인 신앙 상담 창구를
     만들 것이다(예 : Q&A 유튜브 자료 활용).

  (3) Anywhere Availability : 공간의 제한을 벗어나 교회에 참여할 수
     있다.

  (4) Interactivity(3C) : 상호 작용(소통)으로 교회의 변화가 있다.
               성도의 피드백을 경청해야 한다.

    ① Complaints : 불평을 조언으로 받으라.

    ② Creative ideas : 새로운 아이디어를 반영하라.

    ③ Compliment : 칭찬과 격려를 모두와 함께 나누어라.

  (5) Multiple choices and customization personalization : 여러
     옵션과 개인 스타일의 사역

    ① 성도의 기호를 고려한 접근이 필요하다.

    ② 일괄적인 방식은 비효율 문제를 넘어 거부감을 준다.

    새들백교회는 회복 축제(Celerbrate Recovery)를 기대하면서도
이전으로 돌아가지는 못할 것이라고 한다. 다만, 불우 이웃을 위
한 푸드뱅크 사역과 레이크 포레스트(lake forest)와 같은 소그룹

---

6   유튜브 '미국목사케빈' 참조, "https://youtu.be/CiisW3XDhK0"

등의 모임을 활성화한 후 최종으로 공적 예배 모임을 추진할 것이라고 한다.

한국 교회 역시 교회가 직면한 현 시대적 위기를 인식하고 사회 문화에 대한 비판과 대비를 위해서 언컨텍트 문화에 대응하는 차원의 예배 문화, 예배를 위한 콘텐츠나 프로그램을 개발해야 한다. 이미 한국 교회는 시대마다 그 문화에 대응하면서, 그것을 비판적으로 수용해 왔다. 마찬가지로 세상의 기술 플랫폼을 활용하여 시대 문화를 따라가는 속도를 높여, 이제는 교회가 시대 문화를 앞서가고 선도하는 차원에서 사회 변혁적 역할을 감당해야 한다. 물론 언택트 트렌드를 대비한다고 무분별하게 수용하는 것은 문제다. 본질의 변질은 자멸의 지름길이 분명하다. 그러나 복음의 진리를 담은 그릇은 시대를 따라 변해왔다. 본질이 바뀌지 않지만, 그것을 담는 그릇의 변화는 심도 있게 살펴 준비해야 한다.

그런 의미에서 언택트 시대에 교회는 주중에는 비대면 온라인 프로그램을 통해 교회 공동체의 소속감과 교제권을 확보해야 한다. 그리고 이를 통해 교회가 다시 거룩한 성회로 힘있게 모일 수 있도록 해야 한다. 예배의 현장은 회복되어야 마땅하다. 그러면서 언택트 시대에 신앙 교육과 소그룹 활성화를 위한 수단으로서 비대면 방식의 프로그램도 개발되어야 한다.

‖ 언택트 시대의 다음세대를 위한 교회 대응 전략

1) 공동체로서의 교회 이해

교회는 6가지 공동체의 모습을 하고 있다.

첫째, 언약공동체이다. 칼빈은 언약을 하나님과 연합하는 수단으로 보았다. 언약은 하나님과 인간 사이의 결속이며, 무한하신 하나님께서 은혜 가운데 스스로를 결속하시고 자신을 낮추시며 타락하고 자격이 없지만 하나님 주권으로 선택된 백성과 상호적 언약으로 들어가는 것이라고 했다.[7]

둘째, 혈연공동체이다. 존 스토트는 교회를 예수 그리스도의 공동체로 본다. 그리고 이것을 예수님이 십자가에서 피를 흘린 것으로 설명한다. 성만찬을 행할 때 예수 그리스도가 십자가에서 보이신 희생과 연결된다.[8] 교회는 그의 희생을 기념하고 그의 유익에 참여한다. 교회는 그의 희생을 전하고 교회의 연합을 그의 희생의 공로로 돌린다. 교회는 그의 희생에 대해 감사를 드린다.

셋째, 예전공동체이다. 칼빈은 교회를 하나님께서 우리를 그리스도의 공동체로 인도하시며 그 안에 있게 하시려는 외적인 은혜의 수단으로 보았다.[9]

---

7   Peter A. Lillback, 원종천 옮김, 《칼빈의 언약사상》 (서울: CLC, 2009), 205.

8   John R. W. Stott, 황영철, 정옥배 역, 《그리스도의 십자가》 (서울: IVP, 1989), 324-325.

9   John Calvin, 편집부 역, 《기독교강요 제 4권》 (서울: 기독 성문출판사, 1980), 9.

예배 모범 제1장 주일을 거룩히 지킬 것[10]

1. 주일을 기념하는 것은 사람의 당연한 의무이니 미리 육신의 모든 사업을 정돈하고 속히 준비하여 성경에 가르친 대로 그 날을 거룩히 함에 구애가 없게 하라.

2. 이날은 주일인즉 종일토록 거룩히 지킬지니 공동 회집으로나 개체로 예배하는 일에 씀이 옳으며 종일토록 거룩히 안식하고 위급한 일밖에 모든 사무와 육신적 쾌락의 일을 폐할지니 세상 염려와 속된 말도 금함이 옳다.

3. 먹을 것까지라도 미리 준비하고 이 날에는 가족이나 집안 사환으로 공동 예배하는 일과 주일을 거룩히 함에 구애가 되지 않도록 함이 옳다.

4. 주일 아침에는 개인으로나 혹 권속으로 자기와 다른 사람을 위하여 기도하되 특히 저희 목사가 그 봉직하는 가운데서 복 받기를 위하여 기도하고 성경을 연구하며 묵상함으로 공동 예배에 하나님과 교통하는 것을 준비하라.

5. 개회 때부터 일심 단합함으로 예배 전부에 참여하기 위하여 정한 시간에 일제히 회집함이 옳고 마지막 축복 기도할 때까지 특별한 연고 없이는 출입함이 옳지 않다.

6. 이와 같이 엄숙한 태도로 공식 예배를 마친 후에는 이날 남은 시간은 기도하며 영적 수양서를 읽되 특별히 성경을 공부하며 묵상하며 성경 문답을 교수하며 종교상 담화하며 시편과 찬송과 신령한 노래를

---

10   대한예수교장로회총회, 《헌법(큰글자)》(서울: 대한예수교장로회총회 출판사업국, 2015), 241-242.

부를 것이요 병자를 방문하며 가난한 자를 구제하며 무식한 자를 가르치며 불신자에게 전도하며 경건하고 사랑하며 은혜로운 일을 행함이 옳다.

예배 모범 제7장 주일학교[11]

1. 주일학교에서 적용하는 절차는 기도, 찬송, 성경, 신조, 교회의 요리(要理)와 헌법 등을 공부하고 종교상 목적과 국내와 국외에 전도사업을 위하여 헌금하는 것이니 주일학교로 인하여 주일 공식 예배에 출석하는 것과 또한 부모가 직접 자녀 교훈하는 책임이 거리낌이 되지 않게 할 것이요 항상 당회의 관할 및 감독 아래 있어야 한다.

2. 주일학교 교장은 일정한 시간에 개회하고 시종 각 반을 살펴보아 각 반에 적당한 선생이 있으며 선생과 학생이 상당한 질서를 유지하며 학생으로 하여금 믿는 마음을 고무하여 공부에 열중하게 하는 동시에 또 경건한 태도를 가지게 해야 한다.

3. 주일학교 선생은 마땅히 자기 할 일을 위하여 성경을 연구하며 묵상하며 기도함으로 힘써 예비할지니 담임한 학생 중 아직 믿지 않는 학생이 있으면 개인으로 권면하며 심방하고 특별히 병든 때와 무슨 사고가 있을 때에 심방을 하고 위하여 하나님께 복을 빌고 시간을 엄수하여 학생들로 하여금 시간을 지키도록 장려하는 것이 요긴하다.

---

11   대한예수교장로회총회, 앞의 책, 248-249.

넷째, 말씀공동체이다. 존 맥아더(John MacArthur)는 "우리는 하나님이 설교하라고 부르신 메시지로 돌아가야 한다. 우리는 죄를 직면하고 죄인들을 회개로 불러야 한다. 죄를 사랑하는 마음을 끊고 하나님의 긍휼을 구하도록 불러야 한다.[12]" 라고 말한다.

다섯째, 교제공동체이다. 사도 요한은 사귐에 대하여 이렇게 말씀한다. "우리가 보고 들은 바를 너희에게도 전함은 너희로 우리와 사귐이 있게 하려 함이니 우리의 사귐은 아버지와 그의 아들 예수 그리스도와 더불어 누림이라(요일 1:3)." 즉, 그리스도를 바르게 알 때, 그분 안에서 하나님과 참된 교제를 나누고, 이것으로 함께 영원한 생명으로 나아가는 것이 교회 공동체의 사귐이다.

여섯째, 섬김공동체이다. "인자가 온 것은 섬김을 받으려 함이 아니라 도리어 섬기려 하고 자기 목숨을 많은 사람의 대속물로 주려 함이니라(마 20:28)." 교회는 자기 목숨을 대속물로 주시기까지 섬기신 예수님의 십자가 섬김을 실현하는 공동체이다.

2) 비판적 상황화로서 언택트 문화 이해

비판적 상황화의 시작은 성경을 신앙과 삶의 기준으로 본다는 것이다. 이러한 비판적 상황화는 하나님의 인도하심을 따라 살아가는 신자의 삶 가운데 성령의 역사를 인정하며 교회로 하

---

12 John MacArthur 한화룡 역, 《참된예배》 (서울: 두란노, 1991), 125.

여금 해석학적 공동체의 역할을 감당하도록 하는 것이다. 비판적 상황화 방법은 4단계로 현상학적 분석, 존재론적 숙고, 비판적 평가, 선교학적 변혁이다.[13]

언택트 문화에 적용하여 구체적으로 말하자면, 비판적 상황화의 첫 단계는, 4차 산업혁명 시대 디지털의 기술 발달이 사람을 직접 만나지 않고도 온라인을 통해 얼마든지 비대면 소통을 가능하게 했다. 그런데 이러한 기술력이 코로나 19라고 하는 위기 상황과 겹쳐서 언택트 문화를 형성했다. 비대면 사회가 디지털 대면 사회로 변형되었다고 보는 것이 더 정확할 것이다. 이러한 현상 분석이 비판적 상황화의 첫 단계이다.

두 번째 단계는 문화 명령의 확장 영역이자 종말론적인 발전 영역이다.

"하나님이 그들에게 복을 주시며 하나님이 그들에게 이르시되 생육하고 번성하여 땅에 충만하라, 땅을 정복하라, 바다의 물고기와 하늘의 새와 땅에 움직이는 모든 생물을 다스리라 하시니라(창 1:28)."

"다니엘아 마지막 때까지 이 말을 간수하고 이 글을 봉함하라 많은 사람이 빨리 왕래하며 지식이 더하리라(단 12:4)."

즉, 시대의 과학 기술을 하나님의 영광을 위해 선용하기 위한 연구와 분별을 통해 하나님 통치권 안에서 디지털 과학 기술을 활용한 다른 방식의 대면 문화를 개발해 나가는 것이다. 이는 하

---

13 Paul G. Hiebert, 김동화, 이종도, 이현모, 정홍호 역, 《선교와 문화 인류학》 (서울: 죠이선교회 출판국, 1996), 261-270.

나님의 문화 명령에 대한 바른 반응이자 발전이다.

세 번째 단계는 언택트 문화를 사용하는 목적과 수단을 잘 관찰해야 한다.

"이는 세상에 있는 모든 것이 육신의 정욕과 안목의 정욕과 이생의 자랑이니 다 아버지께로부터 온 것이 아니요 세상으로부터 온 것이라 이 세상도, 그 정욕도 지나가되 오직 하나님의 뜻을 행하는 자는 영원히 거하느니라(요일 2:16~17)."

타락한 인생이 탐욕과 부패한 마음으로 이 문명을 사용한다면 더욱더 죄를 더할 뿐이다. 이를 대비하고, 어디까지나 하나님의 뜻이 기준이 되는 판단과 실천적 전략을 통해 하나님의 영광을 위한 목적과 과정을 다루어야 한다.

네 번째 단계는 선교학적 변혁으로 사용해야 한다. 전염병이 만연하여 대인 접촉이 어려울 때, 언택트 문화는 선교학적 변혁의 도구로 사용되어야 한다. 특히 다음세대를 위해 언택트를 통한 양육과 교제, 전도를 위한 도구로 쓰여야 한다.

언택트·디지택트·지저스택트[14]

언택트는 신조어입니다. 언(un)은 부정어입니다. 택트(tact)는 컨택트(contact)의 준말입니다. 접촉, 연락이 컨택트입니다. 코로나 19 상황이 왔습니다. 컨택트는 대면 접촉입니다. 전염병은 대면을 통해 이루어집

---

14   합동헤럴드 2020년 7월 7일, "언택트, 디지택트, 지저스택트(권순용 지혜돌봄 칼럼)" <http://www.hdherald.com/news/articleView.html?idxno=3663>

니다. 컨택트의 위기가 오면서 언택트가 뜨게 되었습니다. 언택트가 코로나 19 때문에 생겼다고 보기는 어렵습니다. 물론 코로나 때문에 폭발적으로 증가한 것은 사실입니다. 하지만 언택트는 4차 산업혁명 시대에 중요한 문화입니다. 일본의 손정의 씨에 관한 책을 본 적이 있습니다. 그는 소년 때 미국으로 건너가 공부하게 되었습니다. 학교에 갔는데 괴물 학생을 만났습니다. 그는 한쪽 머리는 길게 길러서 장발이었고, 한쪽 머리는 빡빡머리로 두어서 흉측해 보였습니다. 그런데 학교 수업에 들어가 보니 그는 수학 천재였습니다. 손정의 씨는 자신이 정형화된 틀을 가지고 있었다는 것을 깨달았습니다. 미국 사회는 창조를 허락합니다. 그는 창조적 인생에 눈을 떴습니다. 장차 세계는 아날로그 시대에서 디지털 시대로 나아가게 될 것이라는 것이지요. 지금은 눈에 보이는 시장이지만, 앞으로는 온라인 시장이 될 것이라고 전망했습니다. 그래서 야후를 창립하게 되었습니다. 온라인 시장은 비대면, 언택트 시장입니다. 그래서 언택트는 더 많은 연결을 위한 진화 코드입니다. 언택트는 소비, 유통에서 주로 사용되어 왔습니다. 그러나 코로나 19로 인해 언택트는 날개를 달았습니다. 일상에서 언택트가 이루어지고 있습니다.

2020년 3월 2일 독일의 앙겔라 메르켈 총리가 회의실에 들어와서 먼저 앉아 있던 호르스트 제호퍼 내무장관에게 악수를 청했다가 거절당했습니다. 독일 보건당국에서 코로나 때문에 악수를 자제하라는 권고를 따른 것이었습니다. 전염병 때문에 컨택트의 위기가 왔습니다. 비즈니스에서 언택트가 활발해지고 있습니다. 필자가 총회 서기 때 총회 산하의 회의를 언택트로 하면 비용 절감에 큰 효과가 있을 것이라고 제언했습니다. 그러나 문화가 맞지 않아 시행치 못했습니다. 그런데 코로나 이후로 여러 회의가 언택트로 이루어지고 있습니다. 공동체에서 언택트는 계속 시행되고 있습니다. 온라인 예배가 없었다면 코로나 상황에서 교회는 어떻게 했을까 질문해 봅니다.

언택트, 디지택트란 말이 있습니다. 즉 언컨택트란 용어가 적합한가에 대한 이견이 있습니다. 사실 디지털 안에서 컨택트가 이루어지고 있습니다. 디지털을 통해 화상회의, 온라인 모임 등을 하고 있습니다. 이것은 실제로 컨택트입니다. 그렇다면 디지털택트가 더 적합한 것 같습니다. 언택트라 하면 디지털상의 컨택트는 인정하지 않는다는 의미인 것 같습니다. 원격근무, 원격의료, 원격교육, 재택근무 등은 디지털택트입니다. 컨택트, 언택트, 디지털택트이든 사람은 만남이 중요합니다. 만남이 없는 로빈슨 크루소로 살 수는 없습니다.

컨택트에서 언택트·디지털택트로 갈수록 과학 만능사회에 종속될 수 있습니다. AI가 발달할수록 AI를 다스리는 소수의 계층 외에는 모두가 AI에 종속될 위험이 있다고 들었습니다. 기술과 과학이 인생을 구원할 수는 없습니다. 저는 지저스택트를 말하고 싶습니다. 지저스택트란 예수님을 만나는 것입니다. 지저스택트가 되지 않으면 인간은 구원받을 수 없습니다.

과학이 인간의 죄를 처리해 줄 수 없습니다. 인간의 사망과 죄에 대한 형벌로 지옥의 심판을 디지털택트가 감당할 수 없습니다. 성령 하나님을 4차 산업혁명 최첨단의 문명의 기기가 대신할 수 없습니다. 성경, 진리의 말씀을 과학 정보가 대체할 수 없습니다.

지저스택트를 한 그리스도인은 컨택트 사회이든 언택트 사회이든 디지털택트로 발전한다 해도 주체와 객체는 바뀌지 않습니다. 비본질이 본질을 대체할 수 없습니다. 언택트, 디지털택트를 도구로 사용하는 것입니다. 지저스택트를 한 그리스도인은 생명과 풍성함을 받았습니다.

지저스택트는 하나님 주권이요 은혜입니다.

3) 언택트를 통한 주다산교회의 다음세대 세우기

주다산교회는 비대면의 상황 속에서 온라인 세대 통합 가족 모임을 통해 다음세대의 성장을 기대하며 기도했다. 가장 먼저 할 일은 기도라고 판단하고, 2020년 3월 16일부터 4월 5일까지 21일간의 특별새벽기도회를 했다. 특별새벽기도회의 타이틀은 "BUMA 로마서(Basic, Upgrade, Mission, Answer)"였다. 특별새벽기도회 시간에 로마서를 읽으며 기독교 교리를 살펴보았다.

주다산교회 BUMA 특별새벽기도회 참석 소감문 정OO 집사

주다산교회에 등록 후, 몇 번의 새기비(새벽기도비전)가 있었지만 출산과 육아로 제대로 참석하지 못했습니다. 이번 온라인 영상 예배 덕분에 처음으로 새기비 도전을 결단하게 되었습니다. 교회에 나갈 수 없어 애통하고 슬펐지만, 저에게는 새기비를 참석할 수 있는 기회가 되었습니다. 사실 이번 새기비는 셋째 출산을 앞두고 순산에 대한 기도 제목이 있어서 특새를 통하여 평안한 마음을 받고 싶어 도전했습니다. 덕분에 아침마다 평안의 은혜를 충전받았습니다. 감사합니다.

그리고 올해 첫 통독으로 로마서를 읽고 있었는데 이번 새기비 말씀이 로마서라 더욱 반갑고 감사했습니다. 새벽에도 넘치는 에너지와 유머러스

한 목사님 설교, 부교역자님들의 기도와 찬양으로 많은 은혜를 받았습니다. 이외의 모든 섬김의 손길에 감사드립니다.

지금은 나라와 민족, 열방을 위해 기도할 때인데 우리 교회가 앞서 나가 그리스도인으로서 해야 할 일을 알려주시니 감사합니다. 위기 속에서 기회를 주시는 역전의 하나님을 기대합니다. 고난은 위장된 축복이라는 목사님 말씀처럼 힘든 시기에 말씀과 기도로 잘 이겨낼 수 있을 거라 믿습니다. 각 가정마다 BUMA의 축복이 임하길 기도합니다. 감사합니다.

주다산교회 BUMA 특별새벽기도회 참석 소감문 김OO 집사

위기가 기회라고 했던가요. 코로나로 인해 제가 새기비를 완주하게 될 줄은 꿈에도 몰랐습니다. 늘 새벽기도는 사모하는 마음뿐 참석하지 못하는 안타까움으로 신앙생활을 해왔는데 온라인 새기비에 도전하고 완주하니 얼마나 감사한지요. 새벽 5시는 기다림과 설렘의 시간이었습니다. 새벽마다 "당신은 축복의 주인공입니다.", "당신은 새벽 기적의 주인공입니다."라는 외침이 큰 힘이 되었습니다. BUMA로 시작하는 로마서 한 장 한 장의 말씀은 그저 놀라울 뿐입니다. 담임목사님의 은혜로운 말씀을 들으면서 부분적으로 알던 말씀의 퍼즐 조각이 하나의 큰 그림으로 맞추어지는 느낌입니다.

복음의 능력으로 세상을 이길 수 있길 간절히 소원하며 모든 영광을 하나님께 올립니다.

또한 모든 예배는 온라인 유튜브 스트리밍으로 방영했다. 단순히 예배 실황을 접할 수 있는 수단으로만 접근하지 않고 온 가족이 참여하는 예배라는 점을 강조했다. 가정에서 이루어지는 예배 문화를 조성해 다음세대를 새벽 예배자로 세우기까지 가정 예배를 강조했다.

온라인 예배와 더불어 평소 하나님의 말씀을 묵상하는 일과 기도하는 일, 그리고 하나님께서 주시는 비전을 통해 전도자의 모습을 세우고, 부흥을 이루실 하나님 나라를 구하는 일을 온 성도가 함께하는 '스파크3(SPARK-3) 운동'을 개발하여 실행에 옮겼다.

스파크3 운동은 1일 성경 3장(S3), 기도 3회(P3), 찬양 3번(A3), 전도 3회(R3) 실천 운동이다. 그리고 이러한 신앙 운동에 걸맞게 공예배의 설교도 테마별로 준비하고 시리즈로 선포했다. 주일 저녁 예배 때는 스파크3 운동 범위에 맞게 성경 장별로 말씀을 준비하고, 금요 저녁기도회는 온라인을 통해 뜨겁게 기도했다. 모든 공예배의 찬양 시간은 오프라인뿐 아니라, 온라인에서도 그 열정과 감격이 충분히 느껴지도록 역동적으로 준비했다.

코로나 19 사태로 인해 주일학교 학생들은 짧지 않은 기간 동안 휴교가 있었다. 가정교육과 함께 신앙교육도 부모가 책임져야 했다. 그런 의미에서 스파크3 운동은 다음세대를 집중적으로 훈련시키는 유익한 시간이었다.

주다산교회 SPARK-3 운동 참여 소감문 송OO 집사

스파크3 운동을 통한 말씀 기도 전도~

코로나 19로 인해 만나지 못하는 위기가 찾아왔을 때 주다산교회는 스파크3 운동을 선포하고 시작했습니다. 하루에 성경읽기 3장, 기도와 찬양을

3번하고 3명에게 전도하는 것입니다.

목사님께서 주일 저녁 예배 때마다 다음 주간에 읽어야 할 성경 각 장의 주제와 요절을 정리해주시면 저는 필기해서 성경 읽기를 했습니다. 성경 각 장의 핵심 말씀을 정리해주셔서 말씀을 읽을 때 더욱 은혜가 되었습니다. 그리고 다음날 새벽에 말씀을 기억하고 기도하면 더욱 은혜가 되어서 기도에 집중할 수 있었습니다.

저는 전도를 어떻게 할까 고민하다가 등산하기, 텃밭 가꾸기 등으로 야외에서 마스크를 쓰고 사람셀 모임을 가졌습니다. 저희 셀에 새가족이 한 분 배정되었는데 남편과 같이 등록한다고 미루고 있었습니다. 부부가 등록하고 정착하도록 같이 등산하면서 교제하였는데 마음 문이 열리면서 자연스럽게 셀에 정착하게 되었습니다. 그분은 남편과 함께 등록하셨습니다. 또한 새가족 집사님이 이웃을 전도해서 코로나 때에 두 가정이 등록하게 되었습니다.

목사님께서 스파크3 운동을 지속적으로 실천하라고 하신 말씀에 순종하는 마음으로 성경을 읽고 찬양하고 기도하며 셀을 섬기는 가운데 두 가정을 전도하는 열매를 맺게 되어서 너무 감사합니다. 위기를 기회로 바꾸시는 하나님께 영광을 돌립니다.

특별히 수요기도회 예배를 마친 후에는 '4차 산업혁명 시대'에 관한 주제를 가지고 토크쇼를 진행했다. 수요일 저녁마다 '4차 산업혁명 시대의 크리스천 지혜'라는 제목으로 현대 사회의 변화 흐름을 주목하고, 교회가 시대적으로 감당해야 할 사명이 무엇인지 살폈다. 또한 토크쇼에는 주일학교 학생들을 패널로 참여

시켜 미래 시대의 크리스천 퍼스트 무버(First mover)로 성장하고, 비전을 품을 수 있도록 했다.

마지막으로 온 가족이 참여하는 온·오프라인 이벤트도 진행했다. 이는 교회 가족 공동체로서도 매우 뜻깊은 경험이었다. 교인 가정들은 신앙 공동체로서의 소속감을 함양하게 되는 계기가 되었다.

(1) "웬 떡이야!" 부활주일 번개 이벤트 1

부활주일에 온 가족이 함께하는 이벤트를 준비했다. 온라인을 통해서만 예배 생중계를 접하는 교인들에게 이벤트 진행을 공지했다. 코로나 19로 인해 교회 시설 사용이 중지되어 가족별로 자가용을 이용해 인근 고속도로 휴게소 주차장에 모이도록

<성경 장별 주제말씀>

<수요 스파크 톡>

<다음세대 토크쇼 참가>

했다. 교회는 유튜브 실시간 방송을 통해, 미리 준비한 프로그램 (찬양과 5분 메시지)을 진행했다. 휴게소에 주차한 각 가정의 차량 안에서 성도는 방송을 시청하며 교회 공동체로서의 소속감을 다졌다.

코로나 19 감염 위기의 상황 중에도, 부활절을 함께 기념하며 기도한 은혜의 시간이었다. 행사를 마무리하고 차량이 돌아갈 때는 교회에서 미리 준비한 떡을 선물로 나눠주며 안부를 묻고 격려했다.

(2) "웬 보물이야!" 번개 이벤트 2

'웬 시리즈' 이벤트를 다시 개최했다. 여전히 예배당에서 모이지 못하는 상황이라 교인들에게 당일 공지를 통해 주일 오후 2시에 온 가족이 함께 산책하는 행사를 하였다. 이번 행사 역시 유튜브 실시간 스트리밍을 통해 미처 참석하지 못한 교인들과도 공유했다. 교회 행사 팀은 사전에 산책로에 선물 번호가 적힌 쪽지를 숨겨 두었다. 온 가족이 함께 산책로를 걸으면서 오랜만에 성도 간의 정을 나누는 따뜻한 시간이 되었다. 산책하면서 찾는 보

<공지된 약속 장소에 모인 교인 가족들>

<보물 찾기>

물 쪽지(선물 번호가 적힌 쪽지)는 함께 웃고 기뻐하는 즐거움을 선사해 주었다.

4) WITH 스파크셀(자녀 중심의 언택트 가족셀)

주다산교회의 5대 사역이 있다. 대공동체 사역, 양육 사역, 전도 사역, 다음세대 사역 그리고 소그룹 사역인 스파크셀 사역이다. 스파크셀은 가족셀과 사랑셀이 있다. 가족셀은 온 가정 중심이고, 사랑셀은 여성 중심이다. 코로나 19와 함께 소그룹 사역이 제한을 받게 되었다. 스파크 목회의 정신은 하나님의 주권적 은총에 기인하며, 적극적이며 도전적이다. 코로나 19 상황을 위기에서 기회로 보았다. 즉 공적 예배는 교회 현장 중심으로 셀 활동은 언택트, 즉 디지털 공간으로 진행하는 것이다. 여기에 셀 활동의 대전환을 이루었다. 기존 셀을 소수 중심의 셀로 세분화한 것이다. 디지털 공간은 다수보다는 소수의 그룹이 장점이 더 많다. 기존 가족셀이 다음세대 또래 중심의 가족셀로 전환됨으로써, 부모의 제일 큰 관심이 자녀들이라고 해도 과언이 아니다. 코로나 19 상황으로 다음세대의 신앙·인성·관계성이 큰 위협을 당하고 있는 현실을 대비하고자 한 것이다.

코로나 19으로 대면 한계의 상황을 비대면으로 전환하면 셀의 네트워크를 활성화할 수 있다. 셀 붕괴의 위기 속에 다수의 리더가 세워져 오히려 셀이 배가 성장을 할 수 있다. 자녀 또래 중심의 가족셀을 구성해 교인 다수가 셀 활동에 참여할 수 있다. 그리고 이러한 셀은 교회, 학교, 가정의 다음세대 트로이카 선교 사역의 현장이 된다.

5) 교회학교 언택트 전략

코로나 19로 인한 교회의 영적 침체는 교회학교에도 심각한 어려움을 주었다. 교회학교 학생들이 예배당에 출석하는 습관을 저해했다. 신앙 가정이 아닌 학생들은 교회 문화와 예배 의식을 영영 등질 수 있는 위기까지 놓였다. 특단의 조치가 필요했다. 부서별로 생활 수칙과 사회적 거리를 고려하여 부서 예배 현장 출석을 적극적으로 권면하면서 주중 신앙 교육을 위해서 온라인 소통을 위한 방법을 구축했다.

영아, 유치부는 예배 상황을 녹화하여 유튜브에 업로드하고 예배의 현장감을 잊지 않도록 하였다.

또한 자녀들이 쉽게 말씀을 익히도록 현장이나 온라인을 통해 손유희로 말씀 암송 프로그램을 진행하고 있다. 이를 위해 매주 미리 준비한 영상을 부모님에게 전달해 부모님의 지도하에 배울 수 있도록 했다. 소셜미디어를 통해 영상이나 이미지, 텍스트로 결과를 보고하도록 하고 평가해 시상하고 관련 포인트를 제공했다.

유초등부의 경우에는 비대면 반모임을 통해 스파트3 운동과 관련하여 학생들에게 느낀 점과 배운 점을 기록해 보고, 그림으로 표현하도록 했다.

비대면 전도 이벤트도 진행했다. 소셜 미디어를 활용해 복음 메시지를 지인에게 전달했다면, 도장을 받고, 정해진 일정 기간까지 도장 수가 가장 많은 학생에게 상품을 제공했다.

주목할 것은 가정예배를 활성화했다는 것이다. 유초등부는 담당 교역자가 주보와 가정예배 순서지(교안)을 만들어 교사 전체에게 공유하면, 각 셀 교사들은 학생들과 부모님들에게 모바일을 통해 공유했다. 주일에 부서별 예배 시간을 준수하여 가정에서 예배드릴 수 있도록 해 가정예배 습관을 기르도록 했다.

가정예배는 가능한 온 가족이 모두 모인다. 찬송가 한 장을 부르고, 본문 말씀을 2회 이상 읽고 가족 구성원이 돌아가면서 각자 깨달은 점을 나눈다. 가장이나 예배 인도자가 가정예배 순서지를 참고하여 말씀 내용을 종합하여 정리한다. 다음으로, 본문을 다시 읽고 주기도문으로 마친다. 예배를 마친 후에도 가족들은 대화하면서 말씀의 은혜를 다시 확인한다. 가정예배는 부모의 역할이 매우 중요하다. 15~20분 동안 예배를 드리는 동안 부모들은 자녀들의 입장을 충분히 고려하여, 예배의 당위성과 의

<초등부 스파크 3 운동>

<가정예배>

식에 대해 잘 가르치도록 부서 담당 교역자는 각 가정을 더욱 면밀히 살펴야 한다.

한편, 유초등부는 정부 지침인 사회적 거리 유지를 위해 기존 1부 예배를 2부까지 확대했다. 또한 초등부는 200명의 학생을 27셀로 나눠 언택트 셀 모임을 준비하고 있다. 우선 언택트 셀 모임을 위해 학생들이 핸드폰 소지 여부를 확인했다(80% 이상 소유). 그룹 셀 모임이 부담스러워 참여하지 않는 학생을 위해 각 셀 교사와 학생의 1:1 언택트 모임과 전화 심방을 한다. 그리고 2주 이상 결석하거나 언택트 셀에 참여하지 못한 학생은 교역자와 셀 담당 교사가 함께 찾아가는 축복셀로 양육하고 있다.

중고등부는 예배를 위한 온라인 홍보 및 공지를 위해 영상 광고를 준비한다. 미디어 세대인 중고등부 학생들에게 예배의 목적과 의미를 분명히 가르쳐 예배의 당위성을 강조한다. 이처럼, 오프라인으로 예배하기 위한 마음을 준비하도록 온라인 매체를 통해 적극적으로 홍보한 것이다.

또한 주일 오후 2시에는 유튜브 실시간 스트리밍을 활용하여, 온라인 분반 공부(소그룹)반을 구성해 성경공부를 하고, 퀴즈를 통해 내용을 숙지하고 있다. 스파크3 운동에 참여하여 말씀읽기를 하는 중고등부 학생들에게 진도에 맞게 성경 권별 해설을 해주어 쉽게 말씀에 접할 수 있도록 한다. 중고등부는 구글 미트(Google Meet)로 제자훈련을 하고 있다. 어떤 위기 상황 가운데에서도 다음세대의 믿음을 키우고 예수님의 제자로 세워가기 위해서다.

　제자훈련의 계획은 약 한 달 전에 학생들에게 공지하여 학생 스스로 기도로 준비하도록 했다. 부모님의 권면이 아닌 자원하여 신청하는 학생들로 구성한다. 자발적인 신청이라야 형식적인 제자훈련이 되지 않고, 훈련에 적극 참여하기 때문이다. 단, 부서 학생 임원은 다소 의무감을 부여해 사명감을 심어주는 것도 좋다. 언택트 셀을 통한 제자훈련이 지속되기 위해서는 커리큘럼이 중요하다. 또 마무리하기 전에 다음 주제나 진행 방식을 어느 정도 공유해 기대감을 심어주어야 한다.

　주다산교회 중고등부는 무학년 분반제이다. 이를 통해 학생 선후배 간의 소통을 기대하며 제자훈련을 하고 있다. 언택트 셀 제자훈련 교재는 코로나 19 사태가 오기 전부터 사용한 스파크 셀 '복음기초'를 사용했다. 이 교재는 복음의 기초와 신앙 교리의 핵심을 쉽게 이해하도록 구성되어 있다. 총 7주 과정으로 다음과 같다.

- 1주차 - 하나님은 누구신가요?
- 2주차 - 죄는 무엇인가요?
- 3주차 - 예수님은 누구신가요?
- 4주차 - 천국은 어떻게 가나요?
- 5주차 - 진정한 믿음생활
- 6주차 - 영적으로 승리하기
- 7주차 – 총정리

구글 미트를 사용하여 온라인 제자훈련을 진행하는 담당 교역자는 학생들의 모습을 보기 위해 노트북을 사용했고, 학생들은 모바일 또는 PC를 통해 접속한다. 제자훈련 시간은 1회당, 총 1시간 20분 정도다. 처음 20분은 학생들이 한 주간 삶 속에서 은혜받은 이야기 및 제자훈련 과제를 어떻게 실천했는지 나눈다. 이어서 약 50분간 제자훈련 교재로 양육한다. 학생들과 질의응답을 하면서 진행한다. 마지막 10분은 그날 학생들이 깨닫게 된 점과 기도 제목을 나누고 함께 기도하고 마친다.

언택트 셀 제자훈련은 크게 3가지의 기대효과가 있다.

첫째, 비대면 프로그램을 통해서도 학생들의 신앙 성장의 기회를 얻을 수 있다.

둘째, 공동체성의 회복이다. 현재 한국 교회 안에 부서별 예배와 반 모임을 보면 학생들이 예배만 드리고 자신의 반 학생들을 제외하고는 소통이 거의 없다. 하지만 제자훈련을 통해 반이 다른 친구와 선후배가 소통하면서 공동체성을 회복할 수 있다.

셋째, 가정, 학교, 교회의 트로이카 선교가 가능하다. 온라인을 통한 언택트 셀 제자훈련에 참여하는 학생들은 기본적으로 집에서 참석하기 때문에 부모님들도 코로나 19 시기에 불안해하지 않고 자녀들의 제자훈련을 권면할 수 있다. 청소년 시기는 부모님과의 소통이 없고 반항하기 쉬운데 가정에서 제자훈련을 하면 부모님과의 소통도 자연스럽게 이루어져 관계도 좋아진다. 그리고 한 주간의 제자훈련을 통해 학생들은 교회에서도 공적 예배의 소중함을 알고 교회 봉사와 섬김 등 전반적인 일에 관심을 갖게 된다. 제자훈련을 통해 가정, 학교, 교회에서 영향력이 있는 사람으로 성장하는 것이다.

이처럼 비대면 온라인 제자훈련은 일단 자녀들이 집에서 참여하기 때문에 부모님들이 안심한다. 또한 바쁜 학생들의 이동 시간을 줄여 시간과 공간적으로 상당히 효율적이다. 낯을 가리는 학생도 쉽게 참여할 수 있다. 신앙교육 교재를 담당 교역자가 만들어서 화면에 올리면 교재 지출 비용도 절감된다.

<청년부 라이브 토크쇼>

마지막으로 주다산교회 청년대학부는 청년 신앙의 성숙을 위해 코로나 19 시대의 교회와 예배에 관한 깊은 묵상과 나눔을 시도했다. 교회 현장 예배 참석을 권면하면서 동시에 비대면 온라인 셀 모임을 강조했다. 모이기 위한 흩어짐이라는 사실을 전제로 진행했다. 청년부 셀 리더의 섬김을 통해 셀 원들의 상황을 관리했다. 셀 원들의 기도제목과 고민거리는 셀 리더가 교역자와 공유하고, 필요할 경우에는 온라인 심방도 했다.

언택트 문화 시대일수록 교회 예배 현장을 찾아 감당할 수 있는 섬김과 봉사의 자리를 찾아가야 한다. 위기 상황 가운데에서도 누군가는 반드시 교회 공동체를 살펴야 한다. 그래서 예배와 교회 청년들에게 관심을 갖는 일이 지속적으로 이루어지도록 했다.

주일 오후 3시에는 온라인 음악 방송을 진행했다. 청년 임원들이 직접 구성하여 진행한 찬양과 기도 공유 프로그램이다. 코로나 19 사태로 교회에 직접 와서 예배를 드리지 못해 영적인 침체로 힘들었던 청년들을 위해 진행한 '청년부 라이브 토크쇼'로 스파크3 운동에 참여하도록 권면하면서 일상의 은혜를 나누며 영적 회복을 도모했다.

스파크3 운동을 통해 받은 한 주간의 은혜로운 사연을 나누고 찬양곡을 신청하여 부서 회원들이 함께 참여하도록 했다. 청년들은 스파크3 운동을 통해 매일 받는 말씀을 직접 손으로 써서 모바일 공유창에 올리고, 성경퀴즈를 해서 상품을 나누기도 했다.

또한 성경 말씀 중 궁금한 내용은 Q&A를 통해 답을 찾도록 했다. 매주 기도제목을 공유하고 함께 기도하면서 청년부의 결속력을 다졌다.

물론 온라인 예배자를 위한 언텍트 셀을 진행하면서 온라인 예배자를 위하여 신앙교육(주일 16:30~17:20)도 했다. 그리고 온오프라인 예배에 2주 이상 결석하는 청년은 셀 리더가 권면하고 교역자가 전화 심방을 해서 예배 생활을 강조했다.

CHAPTER **3**

포스트 코로나
시대의
대안 사역

방성일 목사
(하남교회 담임)

‖ 코로나로 인한 목회 현장의 변화

코로나 19로 인해 목회 현장에 거대한 변화가 찾아왔다. 교회
는 모이는 데에서 그 본질을 찾을 수 있다. 하지만 글로벌 팬데믹
(Global Pandemic)이라는 예상치 못했던 결과로 코로나 19는 교회
의 본질까지 흔들어버리는 상황으로 내몰아갔다. 정부는 '사회적
거리두기'를 비롯한 교회를 향한 구체적 방침들을 빠르게 내놓
았고, 교회는 다양하게 반응하기 시작했다. 이런저런 반응 속에
서 교회가 결코 간과할 수 없으며 이미 사회에 빠르게 적용되고
있는 문화적 현상이 나타났다. 바로 '언택트' 문화이다. 언택트
문화는 교회를 비롯한 학교, 공공기관, 여가시설 등 사회 곳곳에
서 나타나고 있다. 모이는 것에서 그 본질을 찾는 교회는 공동체
적 필요를 충족하기에 매우 어려운 상황에 놓이게 되었다. 성도

의 교제와 만남은 중단되었고, 정말 필요하고 특수한 상황이 아닌 이상 '컨택트(contact)'가 이루어지지 않고 있다. 한동안 교회의 가장 중요한 존재 목적인 공예배를 드리는 것조차도 어려웠다. 지금은 많은 교회가 공예배를 오프라인으로 드리고 있지만 많은 성도가 현장 참여보다는 여전히 집에서 온라인으로 예배를 드리고 있다. 심지어 예배를 드리지 않는 가정들이 점점 늘어나고 있다.

하남교회는 기성세대와 젊은 세대가 골고루 연합한 교회이다. 하지만 젊은 세대(청년+젊은 가정)의 현장 예배 참여도는 코로나 19 이후 급격하게 낮아졌다. 이에 이들을 향한 사역의 방향성이 곧 하남교회가 집중하고 새롭게 대응해야 할 사역이라는 점을 파악하게 되었다. 하남교회는 코로나 19 이전까지만 해도 이들을 대상으로 한 역동적이고 창조적인 사역들로 많은 열매를 맺어 왔다. 하지만 이제는 변해야 한다. 새롭게 맞이한 지금의 상황 속에서, 변하지 않는 본질(복음)을 담는 새 틀(방향)을 제시해야 할 때이다.

'변화를 거부하면 도태되고, 변화를 받아들이면 생존하고, 변화를 주도하면 길을 낸다.'는 말이 어느 때보다 실감 나는 시대다. '새 술은 새 부대에'라는 예수님의 말씀을 떠올리며 하남교회는 코로나 이후뿐 아니라 현재 진행되고 있는 상황 가운데 새로운 사역 방향성을 내부 자체 세미나를 통해 잡아가고자 하였다. 세 차례에 걸친 브레인스토밍(Brainstorming)으로 구체적인 사역 방향성을 세 가지로 정했다.

‖ 드라이브인 예배(Drive-In Worship Service)

교회가 가장 먼저 고려해야 할 영역은 성도들의 인식 변화다. 기저질환을 가진 고령의 성도들은 다수가 모이는 장소에 대한 두려움이 생겼다. 분명 언택트 문화에는 긍정적인 측면도 존재하겠지만 본질상 그 문화 자체는 전염병에 대한 두려움에서 나왔다. 성도들은 성도 간의 접촉을 꺼리게 되었다.

물론 이는 현재 사회적 인식으로 인한 성도들의 인식 변화일 것이다. 정부의 제재와 언론을 통해 부정적으로 집중 노출된 교회는 본질인 '공동체성'을 지키고자 했고 아쉽게도 이는 교회의 '공공성'의 결여로 비추어지게 했다. 이러한 부정적 인식으로 성도들조차도 교회에 가는 것을 꺼리게 되었다. 따라서 안전을 위한 방역은 물론이고 예배를 향한 인식의 변화가 필요함을 확인할 수 있었다.

현대 사회는 가족중심 사회이다. 가정에 있어서 개인주의는 결국 '개가족주의'라는 개념을 낳았다. '내 가족'만의 건강과 안전이 최우선이 되었다. 그런 측면에서 자동차는 매우 상징적인 의미를 지닌다. 현대 사회를 살아가는 젊은 가족들에게 자동차는 단순히 이동수단을 뛰어넘어 편안함과 안전의 공간을 의미한다. 즉, 언택트 문화 속에서 여전히 여가생활을 즐기고 집에서 떠날 수 있는 가장 최소한의 장소가 자동차다. 물론 자동차 극장과 같은 자동차를 활용한 문화는 오랜 시간 존재해 왔고 과거에 꽤 유행했다. 그리고 최근 냉각된 사회적 분위기 속에서 여전히 여가,

문화생활을 즐기고자 하는 현대인들은 자동차 내에서 즐길 다양한 기회들을 찾기 시작했다. 자동차 음악회, 자동차 영화상영, 자동차 캠핑 등 안전한 공간 속에서 진행할 수 있는 활동이 나타나기 시작했다.

하남교회는 이러한 사회적 그리고 문화적 기류 속에서, 예배 또한 그러한 측면에서 일시적으로 이루어질 수 있음을 확인하였다. 이는 영구적 방향성보다는 언젠가는 현장 예배로 나올 수 있도록 인도할 수 있는 중간 매개체 역할로 그 가능성을 확인하였다. 성도의 교제가 이루어지면서 본질상 성도의 가장 기본적 의무인 예배를 드릴 기회를 제공할 수 있다.

1) 드라이브인 예배의 방법

각자의 차량에서 예배드릴 수 있는 드라이브인 예배를 어떻게 하면 현재 하남교회 환경에 최적화할 수 있을까 고민했다. 그리고 하남교회만의 드라이브인 예배를 계획했다. 물론 있는 그곳에서 드리는 온라인 예배와 어떤 차이점이 있냐고 반론을 제기할 수 있다. 다양한 신학적 논쟁을 떠나 그리스도인의 신앙생활에 있어서 '교회중심'의 신앙생활은 우리가 다음세대에 가르쳐야 할 중요한 교훈이다. 그런 측면에서 하남교회의 소속감과 교회에서 함께 예배드릴 기회로 드라이브인 예배는 중요한 역할을 한다. 물론 예배의 현장성이 떨어지지만 지정된 장소에서 현장 예배와 같은 시간에 함께 영상으로 예배를 드리면서 연합할 수 있다. 또한 가정에서의 온라인 예배의 한계점을 인식한 가정들이 자녀들과 마음을 준비하여 예배를 드릴 수 있다.

기존의 드라이브인 예배는 교회 주차장이나 지정된 장소에서 대형 스크린을 보는 자동차 극장식이다. 하지만 하남교회는 대형 스크린이 아닌 개인 태블릿을 활용한다. 교회에서 50개의 태블릿을 구매해 각 차량에 대여하고 무선 인터넷을 확보해 주일 예배 시간에 맞추어 예배 실황을 유튜브를 통해서 송출한다. 현장 예배를 그대로 송출하기 때문에 헌금시간에는 각 차량에서 헌금하도록 안내위원이 대기한다. 차량에는 태블릿뿐 아니라 충전 케이블, AUX잭, 보조 배터리, 주보, 헌금봉투와 교회학교 학생용 예배 활동 자료도 제공한다. 아이들은 영상으로 드려지는 예배에 집중하는 것을 어려워하기에 차 안에서 할 수 있는 활동지를 제공할 계획이다. 하남교회 드라이브인 예배는 9월 첫째 주부터 시행한다. 매주 예배 참여 예약을 받아 주일 예배에 차질이 없도록 할 예정이다. 또한 많은 성도의 참여 독려를 위해 홍보 영상, 포스터, 현수막 광고 등을 활용할 것이다. 자동차의 출입이 원활하도록 예배마다 지상과 지하 주차장에 드라이브인 예배 전용 섹터를 지정해 놓기로 했다.

드라이브인 예배를 통해 현장 예배를 예배당에서 드리지는 못하지만 여전히 교회에서 예배를 드릴 수 있다는 인식을 심어줄 수 있을 것이다. 드라이브인 예배가 코로나 19를 맞이하는 하남교회의 영구적인 대안이 될 수는 없다. 하지만 온라인 예배로 지친 성도들에게 새로운 활력소가 될 것이다. 또한 흔히 말하는 성전 뜰을 밟는 기회로 현장 예배 참여를 향한 중요한 매개체가 되고 하남교회 성도로써 소속감을 다시 확인하는 기회가 될 것이다.

‖ 온라인처치(Hanam Online Church)

하남 온라인처치 비전에 대한 신학적 고민과 함께 하남교회에 맞는 구체적인 방안이 필요하다. 하지만 온라인처치에 대한 필요성과 당위성은 코로나 시대에 있는 한국 교회에게 이미 충분하게 주어졌다.

현대교회가 맞이하고 있는 코로나로 인한 5가지의 변화를 미국 새들백 교회의 릭 워렌 목사는 다음과 같이 정리했다.[15]

릭 워렌 목사는 온라인처치가 절대로 불가능하고 비현실적인 일이 아니라 말한다.

먼저, "Anytime Accessibility(언제든 참여 가능한)"이다. 즉, 온라인 쇼핑과 모바일 뱅킹처럼 언제든지 교회에 갈 수 있어야 한다는 점을 강조한다. 둘째, "Real Time Delivery(실시간적 필요 제공)"이다. 실시간으로 성도들의 필요를 충족시켜줄 수 있어야 한다고 말한다. 셋째, "Anywhere Availability(어디서든 참여 가능한)"

---

15 릭 워렌 목사는 5가지의 변화와 이에 따른 목회 방향을 전체 교역자 모임에서 공유했다. 새들백 교회에서 사역하는 한국인 Kevin Kim 목사가 이 내용을 개인 유튜브 채널에서 공유했다. Kevin 목사는 코로나 시대에 미국 교회는 어떻게 대응하고 있는지를 한국 교회에게 소개해주는 콘텐츠들을 제공하고 있다. https://youtu.be/CiisW3XDhK0

이다. 어디서든 참여할 수 있는 공간적 유동성의 필요를 말한다. 넷째, "Interactivity(상호작용을 통한 아이디어 창출)"이다. 교회 공동체 내에서 건강하고 활발한 소통으로 인한 교회 변화(상호작용)로 이어진다. 교회에 바라는 것들을 성도들이 요구하고 그들의 피드백에 따라 교회는 반응하여 함께 만들어 가는 것이다. 다섯째, "Multiple Choices Customization Personalization(개인 맞춤 사역)"이다. 현대사회는 개인주의의 성향이 강하기에 개인화에 따른 다양한 방식으로 제자화할 수 있다. 개인에게 맞춘 제자화 방법과 이에 따른 콘텐츠를 만들어 양육을 받으며 배우기 원하는 사람들에게 개인별로 최적화된 양육을 제공한다. 이미 미국 교회는 이러한 변화를 이론화했고 바로 코로나 시대에 현장 예배와 더불어 온라인 플랫폼을 동시에 활용하여 적용하고 있다. 한국 교회도 이 방법을 충분히 적용해볼 수 있다.

현재 많은 교회가 인식하고 있는 온라인처치는 단순히 온라인 예배의 개념으로 온라인에서 드리는 예배 정도로 생각한다. 하지만 온라인처치는 온라인 성도 커뮤니티 자체를 하나의 공식적인 공동체, 교회로 인정해 준다는 점에서 구별된다. 물론 여기에 대해서는 신학적 당위성이 부여되어야 한다. 이제 온라인처치는 선택의 문제가 아닌 방법의 문제가 되었다. 현재 하남교회에서 온라인처치는 온라인에 지속해서 머무는 공동체로 성장시키는 것보다는 온라인 성도로 인정하고 양육하지만 궁극적으로는 오프라인(현장) 공동체로 연결하는 작업으로써 그 방향성을 잡고 있다.

1) 온라인처치의 이해

온라인처치를 좀 더 구체적으로 이해하려면, 장점과 단점을 알아야 한다. 다섯 가지의 장점을 찾을 수 있다. 먼저, 언택트 현상으로 집에 머물러 있는(Stay Home) 성도들이 점점 많아지고 있는데 온라인처치는 이들에게 효과적으로 복음을 제공할 수 있다. 또한 현장 예배가 어렵다는 환경에 대한 반응으로 수동적 참여가 아니라 능동적, 적극적인 참여 유도를 통해 온전한 예배를 구성할 수 있다. 그뿐만이 아니다. 장애, 질병, 직장 일로 현장 예배 참여가 어려운 이들에게 최적화된 예배를 제공할 수 있다. 그리고 신앙이 연약한 성도, 불신자들을 대상으로 쉽게 접근할 수 있는 환경을 제공한다. 이는 불신자들에게 전도 가능성을 확보했다는 것을 의미한다. 마지막으로 쉽고 빠르고 전 세계 어디서나 가능한 예배를 제공할 수 있다. 하남교회가 지역교회로의 역할뿐 아니라 다양한 콘텐츠를 제공하고 커뮤니티를 구성할 수 있는 지역을 뛰어넘는 교회로 나아갈 수 있게 한다. 이것이 가장 큰 장점이다.

온라인처치의 단점은 네 가지로 정리할 수 있다. 앞으로 온라인 교회 형태를 구축해 나갈 때 고려해야 할 점들이다. 먼저, 예배가 형식화될 수 있다. 예를 들어 성도의 예배 참여의 깊이와 출석 확인(예배를 온전히 드렸는가)이 어렵다. 둘째, 성도 간 교제가 약화될 수 있다. 가장 쉽게 예상할 수 있는 문제다. 교회의 공동체성 즉 결속력을 다지기가 어렵다. 온라인이란 플랫폼 자체는 개인화와 익명성의 성격이 강하다. 개인의 신상과 삶의 이야기를 솔직하게 풀어나가며 공유하는 나눔의 공동체 형성이 힘들 수 있다. 셋째, 목장 및 양육의 현실적 어려움이 있다. 물론 현재 많은 나라에서 온라인 플랫폼을 활용한 교육 시스템을 구축해 가며 활발하게 사역하지만 집중도가 떨어진다는 문제점이 지속해서 제기되고 있다. 장기적으로는 교제와 나눔이 결여된 신앙교육에는 분명히 한계가 있다. 마지막으로 교회 정체성이 불투명하다. 온라인 접속자들 가운데 과연 누가 하남교회 성도인지 파악하고 구분하기가 힘들다. 즉, 한 교회의 소속된 진정한 교인(membership)을 세우는 과정 또한 중요한 과제가 될 것이다. 쉽게 옮겨버리는 것이 아닌 헌신과 결단을 기반으로 한 멤버십 과정이 절대적으로 필요하다.

2) 온라인처치 현황[16]

코로나 이전부터 이미 온라인처치는 미국에서 활발하게 이루어지고 있었다. 라이프교회(Life Church)는 8개 주에 27개의 교회를 보유하고 있고 온라인을 통해 매주 7만 명의 성도가 예배에 참여하고 있다. 하이랜드교회(Church of the Highlands)는 4만 명, 노스포인트 교회(North Point Community Church)는 3만 9천 명, 새

---

16 http://www.koreadaily.com/news/read.asp?art_id=7073465 http://www.newsm.com/news/articleView.html?idxno=18048

미국 온라인처치 현황		온라인처치 콘텐츠
라이프	**7만 명**	**온라인 예배** -유튜브/콘텐츠개발/제작
하일랜즈	**4만 명**	
노스패인	**3만 9천 명**	**온라인소그룹(줌 활용)** - 찬양->교육->토론->기도
새들백	**2만 5천 명**	
갈보리	**2만 5천 명**	**온라인양육** - 줌 & LMS(인터넷강의)
한국 대형교회 유튜브 구독자 수		
사랑의교회	**5만 4천 명**	**온라인심방/전도** -회원 관리 및 성도화 시스템 구축
수영로교회	**2만 4천 명**	
여의도교회	**3만 1천 명**	

들백교회(Saddleback Church)는 2만 5천 명 그리고 갈보리채플
(Calvary Chapel)은 2만 5천 명이 매주 온라인 예배를 드리고 있다.
코로나를 맞이한 미국 교회는 이미 온라인 커뮤니티가 구축되어
있었기에 탄력적으로 대응할 수 있었다. 반면에 한국 교회는 예
배 실황을 중계하는 정도의 온라인 플랫폼만 활용하고 있었다.
그러다가 최근 코로나 19 사태로 온라인 콘텐츠들과 인프라 구
축을 적극 확대하였다. 예를 들어 사랑의교회는 현재 유튜브 채
널을 적극 활용하여 전 세대에 걸쳐 예배 및 다양한 신앙 콘텐츠
를 제공하고 있다.[17]

3) 하남교회의 상황과 방향성

하남교회는 온라인 시스템이 잘 구축되어 있어서 온라인처치

---

17 https://www.youtube.com/user/sarangtv

를 시작하는 데 어려움은 없다. 결국 지금 하남교회에게 주어진 과제는 신학적 문제들을 해결하는 것이다. 특별히 성례(성찬과 세례)와 교인 멤버십 부여에 대한 문제가 가장 중요한 논점이다. 멤버십의 기준으로 하남교회 자체 내규를 정해놓았기에 유튜브 채널 구독으로 멤버십을 결정하는 기준으로는 분명 오프라인과 온라인 성도의 간극이 존재한다. 그러므로 하남교회 내에서 자체적으로 연구하여 기준을 세우는 작업이 필요하다. 궁극적으로는 온라인처치도 현장(오프라인) 공동체로 이어지도록 다양한 기회와 장소를 제공해야 할 것이다. 교회의 본질을 가장 확실히 확인할 수 있는 것은 결국 대면하는 공동체이기 때문이다. 앞으로는 대그룹보다는 소그룹 모임이 진행될 필요가 있다. 예배를 온라인으로 드려도 나눔의 공동체는 대면으로 소그룹 모임을 통해서 진행된다면 공간을 마련해야 한다. 즉, 하남시 내 지역별 멀티 사이트(Multi-Site) 캠퍼스 개념을 생각해보아야 할 것이다.

4) 온라인처치를 위한 구체적 준비 및 시행

온라인 예배를 위해서는 기존의 하남교회 유튜브 채널을 재정비해야 했다. 코로나19를 겪으며 재정비하고 다양한 콘텐츠를 제공하고 있지만 거기서 멈추지 않고 온라인 커뮤니티를 구성하고 만들어가는 전담 사역자가 필요하다. 다양한 신앙 양육, 예배 콘텐츠를 개발하고 제작해야 하며, 다양한 플랫폼(SNS, TV 등)을 통하여 홍보(전도) 및 안내를 진행할 수 있어야 한다.

온라인 목장은 가장 기대되지만, 많은 피드백이 필요한 실험적인 사역이다. 최근 화상채팅 앱인 줌(Zoom)을 통하여 교육시설, 회사 등에서 비대면 회의 및 교육을 활발하게 하고 있다. 온라인 커뮤니티를 구성하면서 줌을 통하여 교역자와 성도들 간의 활발한 교류를 기대할 수 있다. 현장 목장 모임과 병행하겠지만 온라인 목장 모임은 공간적 제약이 없고 나름대로 현장성도 있어 분명 시도할 만한 좋은 사역이다. 현장 모임과 흡사한 진행 순서를 취할 수 있다. 물론 목자(목장 리더)들을 포함한 목원들의 충분한 교육과 시스템 구축을 위해 교회가 적극적으로 도와야 한다.

온라인 양육도 화상으로 진행할 수 있다. 화상채팅 어플로 공간의 제약 없이 수월하게 교육과 나눔을 진행할 수 있다. 화상이 아닌 방법으로 '인터넷 강의' 식의 방법이 제시될 수 있다. 이 방법은 공간뿐 아니라 시간의 제약을 받지 않고 언제든지 기간 내에 영상으로 시청할 수 있다. 사전 녹화로 실수를 줄이는 장점도 있다. 하지만 실제적 양육 수강의 깊이 정도를 파악하기는 어렵다. 즉, 현장성이 떨어져 교육의 질이 낮아질 수 있다.

온라인 심방과 전도는 여전히 창의적인 방법이 많이 필요하다. 하지만 온라인 교인 멤버십의 기준에 맞추어 온라인 심방을 진행하여 풍성한 나눔을 기대할 수 있다.

5) 온라인처치의 전문 사역화를 위한 준비

전문 사역팀 구성(전문 사역자, 사회자, 미디어팀 등)이 필요하다. 현장에 교구가 있다면 온라인 커뮤니티도 하나의 교구로 인정하고 운영되어야 온라인이라는 플랫폼에서 극대화된 결과를 맺을 수 있다. 또한 온라인 심방 시스템 구축(온라인 심방 신청-심방), 온라인 전도 시스템 구축(유튜브 회원 확보 및 회원의 교인화 등록 시스템 구축), 각종 기획 영상 제작(삶의 문제와 고민을 다루는 콘텐츠)도 구체화되어야 한다. 온라인 성도의 현장 복귀가 어떻게 이루어질 수 있을지도 제시해야 한다. 결국 현장성을 위한 공간적 여유를 확보하면서 대그룹이 아닌 소그룹을 위한 모임의 장소가 구체적으로 그리고 다양하게 필요하다. 즉, 하남시 내에 지역별 멀티 사이트(multi-site)가 필요하다.

온라인 교회는 이미 잘 하고 있는 미국 교회에서 배울 계획이다. 코로나 19 사태가 진정되면 사람을 보내어 그들의 노하우를 배워 하남교회에 적용하여 임상하고 좋은 장점은 한국 교회에 소개할 계획이다.

‖ 하남 캠핑 처치(Hanam Camping Church)

코로나 이전에도 그랬지만 코로나 이후에 조금 더 확실해진 한국 교회 그리고 특별히 다음세대 사역의 방향성이 있다면 바로 가정이다. 그동안 많은 교회가 신앙교육의 주체가 부모가 되어야 하고 가정 내에서 자녀들의 신앙을 성장시켜야 한다는 점에 이미 공감하고 있다. 쉐마교육, 하브루타 등 유대인 교육 방법이 교회교육의 중요한 한 축의 역할을 하게 된 것도 그런 이유에서다.

또한 예상치 못했던 코로나 19로 인해 한국 사회를 비롯한 세계의 수많은 나라가 새로운 사회적 현상을 맞이하게 되었고 언택트 문화 즉, 사람과 사람이 만나는 것을 지양하고 개개인 또는 소그룹으로 활동하게 되는 사회적 분위기가 조성되기 시작했다. 이는 주로 공교육의 현장에서 많이 나타난다. 한국 교회의 주일학교도 같은 기준과 환경 속에서 사역을 진행해야 하는 어려움을 마주하게 되었다. 언택트가 강조되는 현재 상황은 결국 가정에서 이루어지는 신앙교육의 필요성을 강조해주고 있다는 점을 고려하여 새로운 사역의 가능성을 열어두고 하남 캠핑처치 사역을 적용해 보고자 한다.

지금 상황은?

☑ 가족주의

'내' 가족중심의
사회

☑ 소그룹화

가족-가족의
연계 가능성

☑ 활성화된
캠핑문화

주말 캠핑문화의
보편화

1) 언택트 문화가 가져온 가정의 변화

먼저, 코로나로 인하여 가정에 머무는 시간이 늘어남으로 가정 내에 갈등과 불화도 기하급수적으로 늘어나고 있다. 부모와 자녀들(특히, 청소년)의 관계는 점점 더 회복하기 힘든 단계로 나아가고 있다. 관계의 회복은 가정사역의 중심적인 부분이다. 대화법 교육을 포함한 전체적인 부모교육은 물론이고, 진솔하게 대화할 새로운 환경이 필요하다. 현재 상황 속에서는 집은 '쉼'과 '안전'의 장소로의 역할을 다할 수 없다.

둘째, 언택트 문화는 '나' 그리고 '가족' 중심적인 사회로 만들어가고 있다. 누구보다 '나'의 가족의 안전과 건강이 더 중요해지는 상황이다. 또한 외부와의 접촉을 줄이고 개인의 시간 또는 가족과의 시간이 늘어나고 있다.

셋째, 가정과 가정이 연계하여 소그룹으로 만들어가는 문화가 형성되었다. 인간은 만남을 소중히 여기는 사회적 존재이다. 언택트 문화 속에서 관계를 원하는 인간은 최소한의 소그룹 모임을 만들어내기 시작했다. 예를 들어 키즈카페는 이제 예약제로 운영되어 소수 인원에게만 오픈하고 있다. 친분이 있는 몇 가정이 모여 함께 대관하여 카페를 이용하고 있다. 아이들뿐 아니라 부모들도 친하고 편한 가정들과 소그룹으로 모이기 시작했다. 신뢰와 친분을 기반한 소그룹이다.

2) 복음을 담아내는 캠핑 문화

　현재 한국은 캠핑 문화가 정착되어 있다. 북적이는 장소를 떠나 자연 속에서 시간을 보내고자 하는 가정이 많아지고 있다. 현재 한국 사회에 일어나고 있는 가정의 변화와 캠핑 문화의 발달에 따라 캠핑을 활용한 교회의 '가정 사역' 및 '다음세대 사역'을 진행해 볼 수 있다. '관계회복'과 '영적 쉼'을 누릴 수 있는 가족 캠핑사역인 하남 캠핑 처치는 기존의 다음세대 아이들로만 구성되어 진행했던 대규모 캠프 사역에서 벗어나 가정에서 자유롭게 회복과 쉼을 누리는 새로운 사역이 될 것이다.

3) 캠핑 : 가정의 회복을 위한 시작

매주 15가정 정도를 선발하여 토~일(1박 2일, 또는 금~일의 2박 3일)에 하남교회 수양관(양평)에서 캠핑을 한다. 프로그램을 다양하게 준비하지는 않는다. 가족과의 시간에 최대한 집중할 수 있도록 장소와 환경만 제공한다. 특별한 순서가 있다면 야외에서 즐길 수 있는 가족영화 상영이다. 영화 상영은 하남교회 캠핑 사역에서 독특한 프로그램으로 만들어 갈 예정이다. 의미 있는 영화를 통해 부모와 자녀가 서로 공감하고 대화할 수 있도록 한다. 장기적으로는 '몽골 텐트'식의 캠핑 환경을 구축하여 사계절 이용할 수 있는 하남교회만의 캠핑사이트를 구성해볼 수 있다. 토요일에는 가족과의 시간을 자유롭게 보내고 가족이 서로 편하게 대화할 수 있도록 영화 감상 후 '모닥불 토크 타임'을 준비한다. 1박을 한 후 주일에는 수양관 내에서 하남교회 예배를 온라인으로 가족과 함께 드린다. 주일에 교회 중심으로 움직였던 가족들에게 새로운 쉼을 주면서 자연 속에서 예배할 기회를 제공한다는 점에서 의의가 있다. 캠핑 처치의 가장 큰 기대는 가족과의 시간이다. 함께 시간을 보내지 못하는 가정들에게 이런 환경을 제공해 가정들이 좀 더 건강하게 세워지기를 바란다. 기존 교인들도 가족과 함께 주말에 자연 속에서 시간을 보내며 주일에는 수양관에서 예배를 드려, 그동안 누리지 못했던 쉼을 마음껏 누릴 수 있다. 장기적으로 캠핑 처치는 하남교회 캠퍼스 교회의 역할을 감당하게 된다. 또한 지역 주민들에게도 장소를 개방해 함께 예배할 수 있도록 환경을 구축한다.

    지금까지 하남교회가 당장 고민하며 실행하고자 하는 중요 사역 세 가지를 정리해 보았다. 교회마다 상황이 다르고 주어진 환경이 다르다. 변하지 않는 복음의 본질을 담아내는 그릇(방법)은 시대와 문화에 따라 변할 수 있다. 새로운 변화를 두려워해서는 안 된다. 드라이브인 예배나 온라인처치는 아직 많은 신학적 고민이 필요하지만, 현재 빠르게 변하고 있는 사회적 인식과 언택트 문화 속에서 분명 시도해볼 만한 방법들이다. 또한 현장 공동체(오프라인 공동체)로 이어질 수 있도록 최선을 다해야 한다. 하남 캠핑 처치는 가정에 주어진 도전들과 캠핑 문화를 고려하여 가정의 회복으로 이어지는 중요한 사역이 될 것이다. 앞으로 한국 교회에 다양하고 참신한 사역들을 만들어 코로나 19로 생긴 여러 도전을 헤쳐나가는 데에 부족함이 없기를 소망한다.

인택트, 교회교육의 희망을 보다

PART 2

CHAPTER 4

언택트 시대,
사회정서인성을
키우는
영유아부 교육

허계형 교수
(총신대학교, 유아교육과)

‖ 사회적 변화에 따른 준비와 대처

우리나라는 심각한 저출산에 의한 인구절벽을 경험하고 있다. 현재 인구 규모를 유지하려면 합계출산율이 최소 2.0명은 되어야 하나 1970년에 4.53명, 1980년 2.83명, 1990년 1.59명, 그리고 2000년 1.47명으로 크게 줄어 들었다. 2000년 이후부터 합계출산율이 15년 동안 1.3에 미치지 못하다가 2018년부터는 1명 이하(e-나라지표, 2020)에 머무르고 있다. 우리나라 인구변화는 한국 사회와 교회에 경제적 위축을 가져오고 당장 교회학교 참여자들의 심각한 감소로 이어질 것으로 예상된다.

실제로 각 교계 상황을 보면 예장고신의 경우 유아에서 고등부 교회학교 숫자가 2006년 130,852명에서 2015년 85,934명으로 10년간 34.3%나 감소한 것으로 나타났다(구자창, 2017). 예장통합 교단에서도 지난 2003년부터 2012년까지 10년 동안 유치부 21.7%, 유년부 25.9%, 초등부 25.5%, 그리고 소년부 27.8%가 각각 심각하게 줄어든 것으로 나타났다(조혜진, 이승규, 2016). 예장 통합의 경우 이미 2014년 교단 전체 8,383교회 중 교회학교가 없는 교회들이 48%나 되는 것으로 조사되었다(조혜진, 이승규, 2016). 비교적 교회학교 감소가 적은 것으로 파악되는 예장합동은 산하 2,000개 교회를 대상으로 조사한 결과(예장합동, 2017)에 따르면 소속교회 조사대상 교회들 중 약 28.9%가 교회학교가 없다고 대답하였다. 교회학교를 왜 운영하지 못하는지에 대하여 아이들이 없거나 능력이 부족하다고 말할 정도로 교회학교는 심각한 어려움을 경험하고 있는 것으로 파악된다.

이러한 교회학교의 위기에 인구절벽과 저출산이 영향을 미치는 것은 사실이나 교회학교 한 영혼 한 영혼에 집중하고 아이들의 특성과 영혼의 필요에 적절한 교회교육을 실시하지 않은 까닭도 중요하게 제기되어야 한다. 과거 교회교육이 많은 학생을 대상으로 교육하였기에 개별 영혼의 특성을 파악하고 격려하며 믿음 성장을 독려하는 질적인 교육이 미흡하였고 4차 산업혁명과 같은 세상의 빠른 변화와 거친 파도에 대응하는 전략과 대응은 부족하였던 것이 사실이다.

코로나가 만들어낸 예기치 못한 사회 전체의 위기가 이미 위기 상황 가운데 있는 교회학교의 어려움을 더욱 가중시키고 있다. 세계적 전염병의 위기는 현장 예배의 중단을 가져왔고 이는 코이노니아 즉 지속적인 상호작용을 통해 조직된 관계를 발전시켜나가는 협력 공동체로서의 교회학교 특성을 약화시키고 있다. 정부가 코로나 확산을 막기 위해 현장 예배를 제한함에 따라 많은 교회가 온라인예배로 대체하였고 소집단 모임까지 지양하고 있는 상황이다. 많은 부모가 자녀의 건강을 염려하여 교회학교는 더욱더 모이기 어려운 상황이 되었다. 일부 교회에서 확산된 코로나 19 상황에 의해 사회조차 교회의 모임에 불편한 시선을 가지게 되었고, 모이기를 힘써야 할 교회는 사회로부터 "바람직하지 못한 단체"로 전락하여 모이기를 피해야 할 상황에 놓이게 되었다.

게다가 온라인 예배 대체로 인해 예배 집중도가 감소하고 예배참석 동기마저 저하된 상황에서 성도들 간의 나눔과 교제마저 억제되고 있다(한국 기독교 목회자 협의회/ 한국 기독교 언론포럼, 2020). 이로 인해 교회의 교육 격차는 더욱 커지고, 장비 및 언택트 시대에 준비가 용이하지 않은 작은 교회교육 부서는 방치 수준이 되었다(가스펠 투데이, www.gospeltoday.co.kr; 뉴스앤조이/ C헤럴드). 이런 상황으로 비신자 가정 유아들이 하나님의 말씀을 접할 기회가 더욱 어려워지는 것으로 파악된다. 결과적으로 코로나 이전부터 흔들리기 시작했던 교회학교는 코로나 시대 언택트 시대라는 위기 앞에 공동체적 결속력이 약화되고 신앙적 지지기반이 흔들리게 되었다.

한국 교회가 처한 인구절벽, 저출산, 코로나로 인한 교회교육 참여자의 심각한 감소와 해체현상은 지금까지 교회교육의 질적 변화를 모색해오지 않은 한국 교회로 하여금 새로운 결심과 영적무장을 촉구한다. 교회가 경험하고 있는 교회교육의 위기상황은 인구절벽, 저출산, 코로나와 같은 실제적인 사회적 변화를 예견하고 이에 적절한 준비와 대처를 효과적으로 해오지 못한 데서 비롯되었다고 할 수 있다.

기독교가 순전한 신앙을 회복하여 기독교 세계관으로 세상을 다시 보고 하나님의 복음을 전해야 하는 것은 변하지 않는 사명이다. 교회는 이와 같은 신앙의 순전함을 기반으로 급격하게 진행되고 있는 사회의 변화들에 대하여 하나님의 진리의 말씀과 하나님이 주시는 모든 지혜로 적극적으로 대응해야 한다. 어떤 사회적 변화 속에서도 하나님의 말씀이 보존되고, 하나님의 말씀으로 세상을 주도해나갈 수 있어야 한다.

이에 본 연구에서는 사회적 변화를 준비하고 대처하는 유아교회교육 방안으로 '기독 유아 사회정서 인성교육 모델'을 제시하고, 교회와 가정을 연계하여 언택트 시대 기독교 유아교육 운영 실제를 제시하고자 한다. '기독 유아 사회정서 인성교육 모델'을 통해 기독 유아로 하여금 하나님의 말씀을 기반으로 기독교유아사회정서인성을 겸비한 미래사회 인재를 양성할 수 있도록 한다. 이를 위하여 교회와 가정에서 인적, 물리적 환경의 지원 전략을 다루어 보고 실제 생활에서 신앙습관을 형성하게 돕는 구체적인 실제를 구현하고자 한다.

‖ 기독교 유아 사회정서 인성교육 모델 소개

미래사회를 준비하는 기독교 유아교육현장은 코로나 19 상황과 4차 산업혁명의 맥락 변화를 인지해야 한다. 그리고 미래사회가 가져올 다양한 형태의 파고를 예측하여 그 모든 상황 속에서 그리스도의 덕을 실천하고 빛과 소금이 되는 유능한 기독교 유아를 양성하기 위한 방안들을 적극적으로 모색하여야 한다(허계형, 2020). "너희는 세상의 빛이라(마 5:14-16)"고 말씀하신 예수님의 선언과 부르심은 죄 많은 이 세상에서 그리스도인이 어떤 모습으로 살아야 할 것인지에 대한 분명한 좌표를 제시한다. 세상에 매몰되어 살지 않고, 교회와 세상이 분리되어서도 안 되며, 기독교 세계관을 견지하는 소명자로서 세상을 변화시키는 삶을 살아야 할 것을 말씀하신다. 하나님 나라의 인재는 세상에서도 빛과 소금이 되어야 한다. 목적을 명확히 하고, 목표를 구체화하여, 기독교 인성을 겸비한 미래사회인재를 양성하는 질적인 프로그램에 바탕을 두어야 한다. 이와 같은 철학적 이론적 근거를 바탕으로 [그림 1]과 같이 기독교 유아교육이 나아갈 방향을 제시할 수 있다.

먼저, 기독교 유아 사회정서 인성발달 교육의 목적은 기독교 유아가 기독교 유아 사회정서 인성을 겸비한 미래사회 인재로 양성하는 것이다. 연계된 목표는 '기독교 유아 사회정서 인성을 겸비한 미래사회 인재 양성'이라는 목적에 대한 구체적인 목표로 ① 기독교 세계관 형성을 통한 하나님과의 관계회복, 구원의

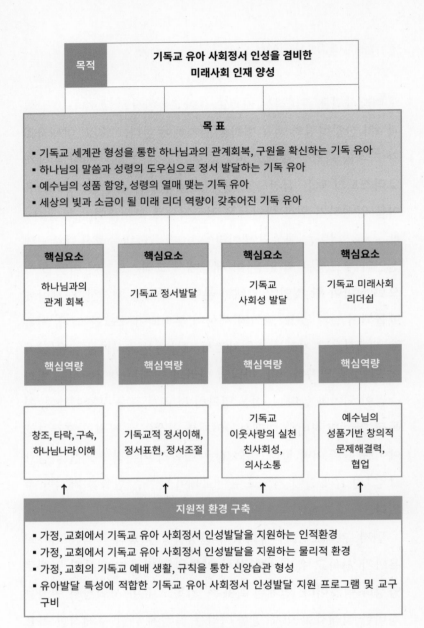

목적	기독교 유아 사회정서 인성을 겸비한 미래사회 인재 양성

목 표

- 기독교 세계관 형성을 통한 하나님과의 관계회복, 구원을 확신하는 기독 유아
- 하나님의 말씀과 성령의 도우심으로 정서 발달하는 기독 유아
- 예수님의 성품 함양, 성령의 열매 맺는 기독 유아
- 세상의 빛과 소금이 될 미래 리더 역량이 갖추어진 기독 유아

핵심요소	핵심요소	핵심요소	핵심요소
하나님과의 관계 회복	기독교 정서발달	기독교 사회성 발달	기독교 미래사회 리더쉽

핵심역량	핵심역량	핵심역량	핵심역량
창조, 타락, 구속, 하나님나라 이해	기독교적 정서이해, 정서표현, 정서조절	기독교 이웃사랑의 실천 친사회성, 의사소통	예수님의 성품기반 창의적 문제해결력, 협업

지원적 환경 구축

- 가정, 교회에서 기독교 유아 사회정서 인성발달을 지원하는 인적환경
- 가정, 교회에서 기독교 유아 사회정서 인성발달을 지원하는 물리적 환경
- 가정, 교회의 기독교 예배 생활, 규칙을 통한 신앙습관 형성
- 유아발달 특성에 적합한 기독교 유아 사회정서 인성발달 지원 프로그램 및 교구 구비

[그림 1] 기독교 유아사회정서인성발달 모델
출처: 허계형(2020). 기독교유아사회정서인성교육. 서울:대한예수교장회총회출판사. p. 28.

확신 ② 하나님의 말씀과 성령의 도우심으로 정서발달하는 기독유아 ③ 예수님의 성품 함양, 성령의 열매 맺기 ④ 세상의 빛과 소금이 될 미래 리더 역량준비를 목표로 한다.

목표는 4개의 핵심요소와 연계 핵심역량으로 구성되며 이는 ① 기독교 세계관 형성을 통한 하나님과의 관계회복, 구원의 확신 요소와 창조, 창조, 타락, 구속, 하나님 나라의 이해역량 ② 기독교 정서발달 역량과 기독교 정서이해 정서표현, 정서조절 역량 ③ 기독교 사회성 발달 요소에 대한 기독교 이웃사랑의 실천, 친사회성, 의사소통 역량 ④ 기독교 미래사회리더십 요소에 대한 예수님의 성품 기반 창의적 문제해결력과 협업 역량으로 구성할 수 있다. 이처럼 교회학교의 혁신을 반영하는 목적과 목표 핵심요소와 역량은 교회학교의 나아갈 방향에 지침을 제공할 수 있을 것이다.

마지막으로 기독교 유아 사회정서 인성을 겸비한 인재 양성 목적을 실현하기 위한 목표, 그리고 이를 성취할 핵심요소 및 핵심역량 강화를 지원하는 환경을 ① 가정, 교회에서 기독교 유아 사회정서 인성발달을 지원하는 인적 환경 ② 가정, 교회에서 기독교 유아 사회정서 인성발달을 지원하는 물리적 환경 ③ 가정, 교회에서의 예배 생활, 규칙 만들기와 규칙 지키기를 통한 신앙 습관 형성지원 ④ 유아 발달특성에 적합한 기독교 유아 사회정서 인성발달 지원 프로그램 및 교구 구비를 제시하여 궁극적 목적 달성을 촉진할 수 있다. 이와 같은 모형을 다음과 같은 체계를 통해 설명될 수 있다.

‖ 기독교 유아 사회정서 인성교육 체계에 따른 교육내용 설정

기독교 유아 사회정서 인성교육의 모형은 [그림 2]와 같은 체계로 접근할 수 있다.

첫째, 기독 유아를 위한 최우선적 체계로서의 하나님과 관계회복-창조, 타락, 구속-을 통한 하나님 나라 이해를 토대로 한다. 기독교 세계관에서 하나님 나라를 건설할 주역으로 기대되는 그리스도인으로 자라가는 출발은 '하나님과의 관계회복'에서 비롯된다. 이에 성경적 세계관에 기초한 하나님과 인간의 관계회복에 초점을 두고 믿음 관계의 토대 위에서 교회학교의 교육관과 가정의 성경적 양육관을 구축하도록 한다. 성경적 세계관을 따르는 교육은 하나님과 인간의 관계, 인간과 인간의 관계회복을 통해 기독교적 전인을 형성할 수 있다. 유아기 하나님 나라 이해

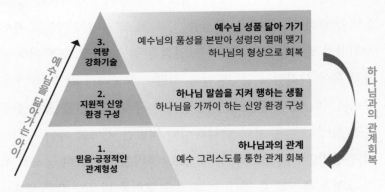

[그림 2] 기독교 유아사회정서인성 교육 체계

출처: 허계형(2020). 기독교유아사회정서인성교육. 서울:대한예수교장로회총회출판사. p. 38

에 대한 신앙 발달은 유아는 하나님과 예수 그리스도의 구속 사역을 양육자와의 관계를 통해 체험한다(Fowler, 1994). 유아는 부모, 교역자 및 교사, 또래와의 관계를 통해 건강한 자아를 형성하고, 하나님을 이해하고, 신앙을 이해하는 기반을 가져 다음 연령으로 나아갈 준비를 한다. 유아가 하나님과의 관계회복을 위해, 성경에 기초한 세계관 형성을 위해, 세상과 사람에 대한 바른 애착을 형성하도록 하고 이에 기반하여 이 세상을 만드신 하나님을 접할 수 있다는 점을 고려할 때 양육자 및 사역자와 유아의 상호작용의 중요성은 더욱 강조된다.

둘째, 지원적 신앙환경의 구성을 통한 유아기 신앙습관을 형성하고자 한다. 지원적 환경은 용어 그대로 목표를 달성할 수 있도록 지원하는 혹은 촉진하는 환경을 의미한다. 예를 들어 유아 발달의 지원적 환경이란 "유아의 발달을 촉진하는데 안전하고 반응적이며 긍정적인 돌봄"을 촉진하는 환경을 의미한다(Heo, 2019). 이 개념과 비슷하게, 유아의 신앙습관을 지원하는 환경은 기독 부모가 기독교 세계관으로 유아를 양육할 수 있도록 필요한 도움을 지원하는 환경을 의미한다. 결국 기독교 유아 사회정서 인성발달을 위한 지원적 환경은 유아가 빛과 소금의 역할을 할 수 있게 자라가도록 돕는 모든 인적-물리적 환경을 포함하는 총체적 환경지원을 의미한다.

여기에서 제시하는 지원적 환경의 개념은 성경에 바탕을 둔다. 하나님이 천지를 창조하셨을 때 사람이 살아 갈 환경을 먼저 만드시고 나중에 사람이 살 수 있도록 하신 것, 하나님과의 관계에서 지켜야 할 것을 율법과 십계명으로 명확히 하여 하나님께 가까이 가는 규율을 주신 것, 예수 그리스도라는 완벽한 모델을 보내주셔 기독교인으로서 따라 행동할 지침을 제시하신 것, 이에 그치지 않고 성령으로 끊임없이 지원하신 것처럼(Calvin, 1960; 허계형, 2020) 기독교 유아교육도 기독 유아의 바른 인성개발을 위해 이러한 지원적인 환경을 구비하여 실현하여야 한다는 것이다.

기독교 유아 사회정서 인성교육 모델에서의 지원적 환경은 인적 환경으로서의 사역자 및 교사의 역량, 그리고 가정에서의 기독 부모, 기독교 유아 사회정서 인성교육을 촉진하는데 필요한 물리적 사회적 지원을 포함한다. 목표에 적합하고 기독 유아의 발달을 이해하는 지원적 환경의 구축은 교회학교의 유아교육 목표를 성취할 수 있도록 하는데 주요한 요소가 된다. 양육자 및 교육자 그리고 사역자가 확립된 교회교육의 목표를 효과적으로 달성하도록 지원적 환경의 개념을 이해하고 실행할 수 있도록 할 수 있다.

셋째, 피라미드 체계의 마지막은 예수님의 성품을 닮아가도록 유아의 핵심역량을 촉진한다. 기독교교육의 궁극적 목적으로서 성경말씀이 사람의 생각과 감정, 행동의 변화까지 주도하는 것으로 이해할 때, 기독교 사회정서 인성교육의 목적은 사랑, 화평, 절제 등 성령의 열매가 일상에서 행동으로 기독교 인성으로 나타나는 것을 목표로 한다. 유아기 일상행동에서 주요한 발달과업 가운데 관계 형성은 세상의 신뢰에서 시작하여 정서발달과 친사회성 발달로 구분하여 제시해볼 수 있다. 먼저 정서발달에서는 하나님이 우리에게 주신 정서를 이해하고 이를 바탕으로 유아가 건강한 정서이해와 표현 그리고 조절을 할 수 있어야 한다. 정서적으로 건강한 유아는 "다른 사람의 아픔을 내 아픔"으로 여기는 공감능력을 갖게 되고 이는 이웃사랑을 실천하는 기독교인의 기본 성품으로 발현된다. 다음으로 친사회성은 배려, 도움, 친절과 같이 이후 사회의 인간관계의 토대가 되는 친사회적 기술과 연관된다. 기독교 친사회성을 가르치는 궁극적 역량의 목표는 유아의 내면이 예수님을 닮은 성품으로 가득하여 넘쳐 사랑의 행동으로 나타나도록 돕는 것이다. 더 나아가 이와 같은 정서발달과 사회적 역량의 강화는 이후 미래사회 역량이라고도 불리는 의사소통 능력, 문제해결력, 창의성의 바탕이 된다. 미래 시대 역량은 초연결성, 인공지능, 빅데이터, 초지능화의 특성

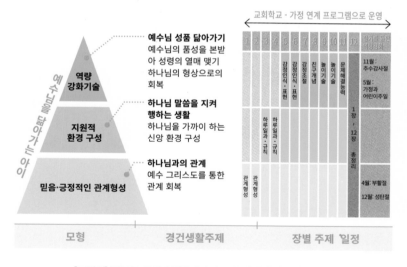

[그림 3] 기독교 유아사회정서인성 교육 체계의 연간적용의 예

으로, 이 시대에 살 사람들의 생활방식과 업무방식, 사람과 관계를 맺는 방식에 영향을 준다. 이에 따라 오히려 이 시기는 기계와 구분되는 인간 본연의 역량인 공감, 헌신, 문제해결력, 창의성, 의사소통능력을 필요하게 된다. 이와 같은 능력은 잘 발달된 유아기 정서발달과 사회적 역량에서 시작하여 이후 성장하고 발달해 간다.

결과적으로 이 모형에 따라 기독교 유아교육의 내용은 다음과 같은 교육과정으로 교회의 연간 교육과정을 통해 실현될 수 있다([그림 3] 기독교 유아 사회정서 인성교육 체계의 연간적용 참고). 유아기 기독교 사회정서 발달 과업은 '관계 형성', '지원적 환경 구축', '예수님의 성품을 닮아가기 위한 역량 강화'로 구성된다. 이와 같이 체계적으로 예수님을 닮아가는 유아로 양육하는 것은 하나님의 형상으로의 회복, 타락한 인간과 하나님과의 관계 회복을 목표로 한다.

언택트 시대 교회는 코로나 상황에도 불구하고 보다 본질적으로 기독교 유아교육의 목적을 명확히 하고 이에 대한 모형과 근거에 따라서 대응하여야 한다. 기독교 유아 사회정서 인성교육 체계에 따라 언택트 시대 교회학교의 운영실제도 가능할 것이다.

‖ 언택트 상황에서 기독교 유아교육 운영 실제

언택트 상황에서 교회는 교회의 상황에 따라 방법을 정한 후 그 예배가 예배다워질 수 있는 전략을 설정하고 적용하는 것이 바람직할 것이다. 다음은 웹기반 예배를 적용할 때 적용할 수 있는 전략과 지침이다.

1) 교회학교

(1) 기독교 사회정서 인성프로그램의 준비

기독 유아를 대상으로 한 예배에서 증거되는 말씀은 유아발달에 적합하며 미래사회의 기독교 인재발달을 촉진하는 형태로 준비해야 한다. 교회에서 증거되는 말씀과 공과 공부는 [그림4]와 같이 교회와 가정이 연계체계가 되도록 구축하여, 주별 검증된 교육과정 및 소집단 공과활동을 제시하고 각 성경의 주제는 유아의 신앙과 역량을 촉진하도록 제시되어야 한다. 이때 교회가 플랫폼되어 교회에서 증거되고 나눈 성경 말씀이 가정에서 지속적으로 세워질 수 있도록 연계 방안을 강구하여야 한다.

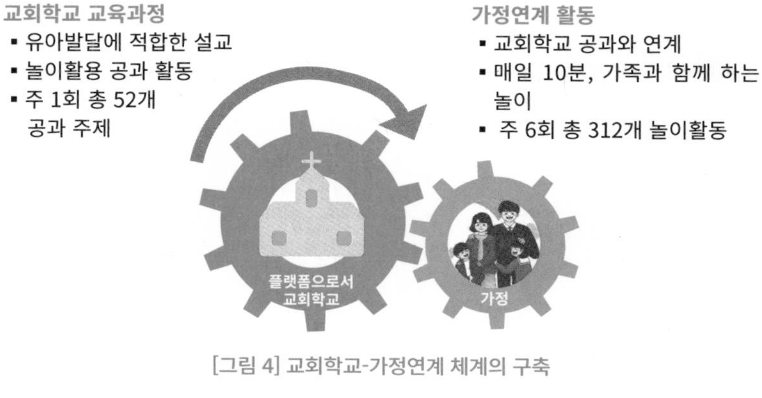

교회학교 교육과정
- 유아발달에 적합한 설교
- 놀이활용 공과 활동
- 주 1회 총 52개 공과 주제

가정연계 활동
- 교회학교 공과와 연계
- 매일 10분, 가족과 함께 하는 놀이
- 주 6회 총 312개 놀이활동

플랫폼으로서 교회학교

가정

[그림 4] 교회학교-가정연계 체계의 구축

(2) 기독 유아를 위한 웹 기반 예배 지원하기

① 예배에 관계 형성 기회 반영하기

예배가 웹기반으로 이루어질 때 말씀 전하는 자와 유아, 교사와 유아의 상호작용 기회가 소홀해질 수 있다. 그러므로 교역자는 이러한 상황을 인지하여 유아가 의미 있는 타인 즉 교역자와 올바른 관계형성이 이루어질 수 있도록 적절한 상호작용의 기회를 자주 제공할 수 있도록 한다. 가능한 방법 가운데 하나는 유아의 부모를 적극적 예배자로 초대하는 것이다. 즉, 유아 예배에 유아들만 참여하도록 하는 것이 아니라 부모와 자녀가 짝을 이루어 함께 예배하도록 한다. [그림 5]와 같이 교역자, 교사가 유아와 부모를 웹기반 예배에 함께 초대하여 온라인상에서 개별적인 상호작용이 발생하도록 하는 것이다.

관계형성을 위해 예배 전 선생님, 친구들과 반갑게 인사나누기

선생님, 친구들과 한 주간 어떻게 지냈는지 이야기 나누기
"한 주간 건강하고 즐겁게 잘 지냈나요?"
"엄마와 함께 성경동화를 읽으면서 지냈구나"

교사가 유아의 이름을 개별적으로 불러주면서 애정 표현하기
"○○야, 선생님이 엄청 보고 싶었단다. ○○가 건강하게 잘지낼 수 있도록 선생님이 기도했단다."
"직접 얼굴을 보지 못하지만 매주 이렇게 너의 얼굴을 볼 수 있어서 선생님은 행복해요."

[그림 5] 관계 형성을 위한 유아와 유아 가정의 상호작용 계획

② 예배의 규칙을 명확히 하고 유아와 규칙을 지키도록 약속하기

　유아를 위한 기독교 사회정서 인성교육에서 규칙은 유아의 지원적 신앙 환경을 구축하기 위해 유용하게 활용할 수 있다. 웹기반 예배를 드릴 때 유아가 예배에 집중하지 않아 예배의 예배다움이 상실될 수 있는 상황이 그것이다. 이런 상황에서 무너진 예배 질서를 세우기 위해 유아발달수준에 적합한 규칙을 활용할 수 있다. 규칙은 상대방을 존중하고 인정해주는 기준으로 예배의 경우 예배의 대상인 하나님께 나아가도록 마음을 준비하도록 하는데 도움이 될 수 있다. 규칙은 어떤 모임이나 활동에서 요구되는 행동의 기준으로 유아발달에서 유아기 자기조절의 향상과 사회정서적 능력 함양에 필수적으로 요구되는 훈련이 되기도 한다. 교역자는 성경 이야기의 전달이 잘 될 수 있도록 내용을 구성하고 함께 예배 규칙을 적용하여 예배다움을 회복할 수 있다. 교

예배 드리기 전, 예배 규칙을 상기시키기

예배를 드리기 전, 유아들과 예배 규칙을 함께 읽어보기
"하나님이 기뻐하시는 예배를 드리기 위해서는 어떻게 예배를 드려야할까요?"
"예배 시간에는 돌아다니지 않고 예배 자리에 끝까지 앉아요."

부모님도 유아와 함께 예배드리고, 유아들이 규칙을 잘 지킬 수 있도록 격려 및 지도 부탁드리기
"자녀에게 예배자의 모델링이 되어주세요."
"아이가 예배 규칙을 잘 지킬 수 있도록 바르게 예배 드리는 모습을 칭찬해주세요."

예배 규칙
1. 자리에 앉아서 예배를 드려요
2. 영상을 따라 즐겁게 찬양해요
3. 눈을 감고 두 손을 모으고 기도해요
4. 영상을 보면서 끝까지 예배를 드려요

[그림 6] 예배 규칙을 세우고, 예배 시작하면서 규칙을 상기시키기

역자는 온라인 예배에 대한 규칙을 세우고 이를 유아와 부모들이 지킬 수 있도록 한다. [그림 6]은 예배 규칙의 예이다. 예배 규칙은 3-5개로 제한하여(유아 연령 만3세 이상) 유아와 함께 정하도록 한다. 이는 유아에게 규칙을 지키는 것에 대한 책무감을 갖게 한다. 규칙은 매주 예배를 드리기 전 상기시킨다. 규칙을 정하고 상기시키는 것은 유아의 부적절한 행동을 예방하고 적절한 예배 행동을 촉진한다.

③ 예배 순서표를 활용하여 웹기반 예배 지원하기

예배 순서표 활용하는 것은, 유아의 예배 집중도를 높일 수 있다. [그림 7]은 실시간 예배의 순서를 시각적 순서표로 제시한 것이다. 시각적 예배 순서표를 만들어 활용하는 것은 유아에게 앞으로의 예배 활동을 기대하게 한다. 그리고 유아가 스스로 자기조절력을 향상할 수 있는 단서를 제공한다. 교역자 및 교사가 유아와 부모가 함께 예배를 진행하면서 순서표를 참고하여 순서대로 예배 활동을 진행하도록 한다.

④ 온라인 중심의 공과 활동 전략

공과 활동은 온라인 성경 이야기와 연계되어 설교 내용을 촉진할 수 있어야 한다. 온라인으로 공과활동이 제시될 때에는 다음과 같은 전략을 고려할 수 있다.

10:58~11:00	11:00~11:05	11:05~11:20
시작화면	함께찬양	성경이야기

카운트다운영상 (예배규칙 영상) 보여주며 실시간 온라인 예배시작	찬양인솔교사 (사전제작영상)	담당 교역자가 설교자료 화면공유를 통해 들려주기

11:20~11:40	11:40~11:45	11:45~11:50
공과활동	말씀암송기도	나눔 및 광고

 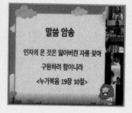 

각 반별 ZOOM 사전교사훈련 부모참여진행	전도사님과 함께 하는 이번달 말씀암송기도 (교사 또는 유아)	부모님께 알리는 이번주 성경말씀 핵심, 가정놀이소개, 지난주 우리집 가정놀이 영상

[그림 7] 실시간 예배 순서표의 활용

▪ 부모와 함께한다.

부모가 다른 일을 하면서 곁에 있는 것으로는 충분하지 않다. 부모가 예배의 시작과 함께 온전히 참여하고 공과활동을 포함하여 예배의 마침까지 함께한다([그림 8] 참고). 공과 활동의 상호작용 안에 부모가 포함될 수 있도록 사전에 계획한다. 공과 활동에 부모의 역할을 미리 제시하는 것이 유용하다.

▪ 공과활동의 자료 준비는 가정에서 하기 쉬워야 하고 가족 참여를 독려하도록 한다.

공과 활동의 자료는 사전에 전달하거나 예배가 있기 하루 전에 준비한다. 패키지를 준비하여 우편 혹은 부모가 직접 방문하여 가져가도록 하기도 한다. 파일을 전달하여 가정에서 활동지를 인쇄하여 사용할 수도 있다. 이때 활동은 가정 일상에서 쉽게 준비하도록 계획한다. 동영상으로 공과를 준비한 [그림 9]에서는 잃어버린 양의 성경이야기에 연계하여 양을 찾는 게임을 부모와 함께 하도록 제시하였다. 수건을 활용하여 양머리를 만들고 잃어버린 양을 찾는 활동이다. 수건 외 준비물이 필요 없어 준비가 용이하다. 가족의 모든 구성원을 참여하도록 독려한다. 가정에서 준비가 쉬운 자료를 고려하는 것은 참여도를 높이는데 주요한 역할을 한다.

활동목표 :

- 예수님이 삭개오에게 먼저 다가가 친구가 되어 주신 것처럼 우리도 친구들에게 먼저 다가가 친구가 되어 줄 수 있음을 안다.
- 부모님과 함께 친구에게 놀이를 제안하는 방법을 알아 보고 함께 연습해 본다.

활동방법 :

1) 성경이야기를 회상하면서 삭개오에게 친구가 되어주신 예수님에 대해 이야기 나눈다.
2) 선생님, 부모님과 놀이제안 4단계 방법에 대해 이야기 나눈다.
3) 삭개오 머리띠를 만든 후, 부모가 삭개오 역할을 하고 유아가 삭개오에게 놀이를 제안하는 역할극을 한다.
4) 역할을 바꾸어서 활동해 본다.

[그림 8] 부모와 함께 하는 온라인 공과 활동

[그림 9] 일상 적용이 용이한 공과활동 예시[18]

⑤ **평가 및 모니터 체계의 활용**

웹기반의 유아 예배에서 예배에 참여한 부모의 소감을 모니터 하는 것은 중요하다. 모티터링 하여 문제점들을 보환하는 과정을 통해 온라인예배가 더욱 온전하게 드려질 수 있도록 해야 한다. [그림 10]과 같이 실시간 교회학교 참여 부모 소감을 모니터링 한다면 이후 부모와 함께하는 실시간 예배 적용의 필요 및 방향 설정에 도움이 될 것이다. 예를 들어 부모가 실시간 예배에 대해 긍정적인 피드백을 제시하는 경우는 지속적으로 실시간 예배를 실시하고, 아이가 휴대폰을 들고 다니고 돌아다니며 예배에 집중하지 않는 것에 대하여 문제점을 제시한다면 이에 대한 해결 방안을 고려해야 한다.[19]

---

18 송내 사랑의교회 미취학부 예시
19 이 같은 경우 평가에 대한 반영이란 나타나는 문제에 대한 해결 방안을 파악하는 것이 된

"비대면 영상예배에 익숙하지 않아 어색했지만 **시간이 지남에 따라 즐겁게 참여했어요.**"

"바쁜 현대사회에서 시공간의 제약없이 비대면 영상예배를 드릴 수 있게 되어 편안하고 친숙한 예배가 된 것 같아요. 줌으로 서로 소통하면서 예배를 드리니 예배에 더 집중 할 수 있었어요."

"오늘 영상예배 속에 자신의 모습을 보고 흥분을 하며 즐거워하였습니다. 친구와 언니들을 만나서 너무 좋았고 선생님과 이모들도 노트북에 나와서 좋았다고 합니다. 내일도 또 예배 드리고 싶다고 해요."

"예배는 일반적으로 영상예배로만 드리기만 했는데 **참여예배로 드리니 유아가 더 관심을 가지고 집중했습니다.** 좋은 예배에 함께할 수 있어 감사합니다."

[그림 10] 실시간 교회학교 참여부모 평가 결과

2) 온라인 활용 교회학교-가정연계 방안

4차 산업 혁명 및 코로나 19 상황은 특히 더 가정의 역할에 집중할 것을 제안한다. 기독교 세계관에 기반한 부모역량을 구축하여 유아 가정의 신앙습관을 형성하고, 이로 인해 미래 유아의 리더십을 강화하여 기독교 가정을 세워야 한다. 다음은 온라인 가정연계를 위한 전략이다.

다. 예를 들어 실시간 예배를 위한 규칙을 다시 정비하고 적용해볼 수 있도록 하거나 동영상 예배의 사용을 고려해볼 수 있다.

(1) 교회가 플랫폼이 되어 가정예배 체계 세우기

① 교회학교 교육과정을 지원하는 매일의 가정 교육과정

교회가 플랫폼이 되어 가정예배의 체계를 세우기 위해서는 교회 교육과정이 가정에서 완성될 수 있도록 교육과정을 제공할 수 있어야 한다. [그림 11]은 기독교 사회정서인성교육모델의 「기독교 사회성」 핵심요소 –「기독교 이웃사랑의 실천, 친사회성」 핵심역량의 교육과정인 「나는 예수님의 멋진 친구 – 소외된 사람들의 친구가 되어주신 예수님」 편의 교회교육과정 및 연계 가정교육 과정을 예시한다. 누가복음 19장 1~10절까지의 삭개오 이야기를 중심으로 소외된 자들의 친구가 되어 주셨고 외로운 삭개오를 먼저 불러주신 예수님을 소개한다. 이는 유아들에게 예수님처럼 놀이에 소외된 유아에게 열린 마음을 갖고, 놀이에 소외되었을 때 어떻게 다가가야 할지를 실제적으로 가르치고자 한 것이다.

가정연계에서는 교회학교 교육에 연계되는 교육내용으로 매일 실행해보도록 한다. 이는 교회 교육과정에서 유아의 친사회적 기술을 소개하고 가르친 후, 가정에서 익숙해지고 일반화되어 학습한 행동이 유아 자신의 행동으로 정착될 수 있도록 도울 것이다.

② 가정에서 기대치를 명확히 하기: 규칙 정하기 및 활용하기

교회학교에서 규칙을 사용하는 것과 마찬가지로 가정 기반의

기독교 사회정서 인성 중심의 성경 이야기

삭개오의 친구가 되어 주신 예수님(눅 19:1-10)

주중 가정연계 활동

삭개오의 친구가 되어 주신 예수님

월요일 :
마주이야기

화요일 :
삭개오 마음

수요일 :
놀이제안 4단계

목요일:
엄마랑 역할놀이 하기

금요일:
놀이카드로 놀이제안
하기

토요일: 삭개오에게 놀
이 카드로 놀이를 제안
하기

[그림 11] 교회학교 공과와 매일 가정연계 교육과정

예배에 대한 기대치를 유아와 가정이 명확히 할 수 있도록 지원한다. [그림 12]는 유아와 놀이예배일과에 대한 기대치를 설명하는 시각 자료이다. 사역자는 부모가 시각 자료를 활용하여 놀이예배의 시작을 구축할 수 있도록 촉진한다. 교회학교는 부모가 유아의 신앙습관을 형성할 수 있도록 유아가 매일 예배드리는 교육내용을 지원할 수 있다. 부모와 유아에게 매일 잠자기 전 정해진 시간에 모여 10분 놀이 예배를 제안한다. 놀이예배시간은 유아와 가족의 요구에 따라 더 짧거나 길게 운용되어도 좋다. 부모가 부모의 역할을 수행하면서 유아의 놀이 주도를 따라갈 수 있도록 한다.

③ 기대치를 일관성 있게 가르치기

놀이예배를 소개하고 약속했어도 이와 같은 체계가 유아와 가정에 정착되는 것은 또 다른 현안이다. 새로운 행동일 경우 더욱 그렇다. 이 활동이 유아의 일상이 되어 특별한 지원 없이도 스스로의 행동이 될 수 있도록 하기 위해서는 단계적 지원이 필요하다. 가정에서 예배 기대치를 가르치도록 도와야 한다. 유아가 정하고 꾸민 예배 일과와 규칙을 유아의 눈높이에 붙여 게시하고, 예배 시간이 되면 유아가 스스로 적절한 예배 행동을 하도록 예배 순서와 규칙을 상기시키며, 시각 자료 순서대로 예배하도록 한다. 이와 같은 행동이 얼마나 하나님을 기쁘게 하며 바람직한 행동인지를 유아에게 알려 칭찬하고 격려한다([그림 13] ([그림 14] 참고).

'하루 10분' 매일성경놀이를 소개합니다 : 놀이예배 구축하기

매일 정해진 시간 모이기

함께 놀이하기

놀이 달력에 표시하기

매일 말씀

감사 기도

[그림 12] 유아의 신앙습관을 형성하는 매일 10분 놀이 예배

[그림 13] 유아가 정하고 꾸민 예배 일과와 규칙: 잘 보이는 곳 또는 가정예배 장소에 게시

[그림 14] 예배순서와 규칙을 가르치기: 예배 순서와 규칙 상기하고 시각 자료 순서대로 예배

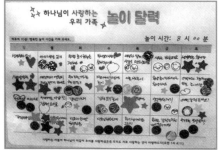
유아가 표한 놀이예배 달력

[그림 15] 예배 촉진 체계 활용하기의 예 – 놀이예배달력의 활용

④ 유아기 신앙습관 형성을 돕는 체계 활용하도록 지원하기

유아기 신앙습관의 형성은 이후 유아가 바람직한 기독인으로 성장하는 기반이 된다. 유아기 습관의 형성을 유아발달에 적합하게 제시하는 체계 도입은 목표를 달성하게 하는데 도움이 된다. 예를 들어 [그림 15]와 같은 놀이예배 달력은 유아가 놀이예배를 했을 때 실행 여부 및 참여도를 스스로 표해보도록 하여 유아의 바람직한 예배 지킴을 격려하고 지속적으로 실행할 동기를 제공한다. 교역자는 각 가정이 이러한 놀이 체계를 지속하도록 정규적으로 권면하여 촉진하도록 한다.

⑤ 부모의 양육 역량 및 실행 지원 자료 제공하기

훌륭한 기독 유아는 훌륭한 기독 부모를 통해 자라난다. 교회는 부모가 빛이 되는 유아를 양육할 수 있도록 지원해야 한다. 좋은 지침이 처음 부모가 된 양육자들에게 "부모 관점에서 이해 가능한" 자료로 제공이 될 때 목표 달성은 쉬워진다. [그림 16]은 놀이 예배를 촉진하여 유아가 자진해서 예배에 참여하고 기독 유아발달에 적합한 예배를 지원하기를 목적으로 하는 부모의 양육역량을 촉진하는 자료의 예이다. 이는 놀이예배의 순서와 의의, 예배 규칙을 세우는 것이 기독교 유아 사회정서 교육관점에서 어떤 의미가 있는지를 알리고, 이 활동의 목표인 유아와 가정에 적합한 예배 규칙을 세우고 적용하도록 돕는다. 준비된 자료의 제공은 부모가 기독교 세계관으로 아이를 양육하는 신념에

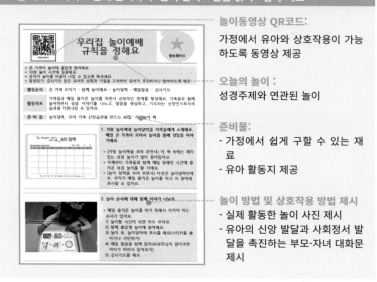

놀이동영상 QR코드:
가정에서 유아와 상호작용이 가능
하도록 동영상 제공

오늘의 놀이 :
성경주제와 연관된 놀이

준비물:
- 가정에서 쉽게 구할 수 있는 재
  료
- 유아 활동지 제공

놀이 방법 및 상호작용 방법 제시
- 실제 활동한 놀이 사진 제시
- 유아의 신앙 발달과 사회정서 발
  달을 촉진하는 부모-자녀 대화문
  제시

* 온 가족 모이기 - 함께 놀이하기- 놀이 달력 – 말씀 읽기 - 감사 기도

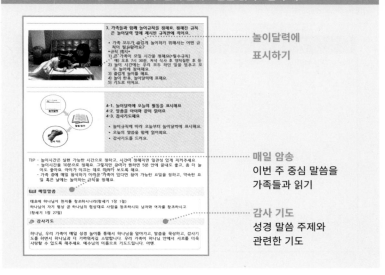

놀이달력에
표시하기

매일 암송
이번 주 중심 말씀을
가족들과 읽기

감사 기도
성경 말씀 주제와
관련한 기도

[그림 16] 가정 활동자료: 부모의 양육역량 및 실행 지원 자료를 제공하기

긍정적인 영향을 주고 궁극적으로 부모의 기독교 자녀 양육역량을 촉진한다. [그림 17]은 놀이예배를 위한 구성의 예이다. 이와 같은 준비된 자료는 교회가 보다 가정에서 용이하게 지원받을 수 있도록 돕는다.

[그림 17] 놀이예배 교재 구성의 예

⑥ **가정에서의 온라인 체계 적용을 촉진하는 수월성을 고려하기**

수월성은 적용의 정도를 촉진한다. 그림과 같은 QR코드를 가정으로 보내 가정에서 쉽게 매일의 활동을 동영상으로 볼 수 있도록 한다. 코로나 19상황에서는 이와 같이 수월성을 확보하는 것이 유용하다. [그림 18]은 가정에서 예배 규칙을 정하고 체계를 구축하는 첫 단계를 동영상으로 설명하는 짧은 영상이다. [그림 19]는 가정의 일주일 놀이예배활동을 짧은 동영상으로 소개하여 유아와 가족에게 주간 활동 계획을 알게 하고, 흥미와 기대를 갖게 하여 매일의 놀이예배참여를 촉진한다. 단, 인터넷 접속이 어려운 가정의 경우 지면으로 접근할 수 있도록 교회활동에서 소외되지 않도록 한다.

[그림 18] 수월성 고려: 유아 가정의 매일성경예배를 QR 코드로 소개하기

[그림 19] 수월성 고려: 일주간의 가정연계활동을 동영상으로 소개하기

‖ 교회가 플랫폼이 되어 교회와 가정을 연계하는 교육

본 연구는 미래사회를 준비하는 기독교 유아교육이 코로나와 4차 산업혁명과 같은 상황적 맥락에 민감해야 하고 미래사회의 유능한 그리스도인 양성에 대한 역할과 이에 대한 책임을 완수하기 위해 말씀에 기반한 기독교 유아 사회정서 인성발달 교육 모델을 제시하고 이를 실현할 수 있는 구체적인 방안을 모색하였다. 본 연구에서 제시한 내용은 다음과 같이 요약될 수 있다.

첫째, 교회는 기독교 유아교육에 대한 교육목적과 목표를 명확히 해야 한다. 4차 산업혁명 시대와 함께 갑작스럽게 찾아온 코로나 19라는 상황적 맥락에서 기독교 유아 사회정서 인성교육의 목표를 달성할 전략적 방안 모색이 필요함을 피력하고 구체적인 교육모델을 제시하였다.

둘째, 교회가 플랫폼이 되어 교회와 가정을 연계하는 교육지원이 필요하다. 영유아기는 실제 인간 발달 단계의 가장 첫 단계가 된다. 이것은 단순하게 인간발달의 첫 단계라는 의미 외에도 다음 아동기, 청소년기, 그리고 이후의 성인기의 토대(foundation)가 됨을 의미한다. 다른 발달 단계에서도 가정은 중요하다. 그러나 유아기의 양육자와 가정환경은 그 어느 단계에서보다 중요한 의미를 가진다. 부모가 하나님 나라의 양육 청지기로서 자녀를 하나님의 백성으로 양육할 수 있도록 하는 가장 중요한 시기이다. 또 실제적으로는 가장 실현 가능한 시기이기도 하다. 만약 유아기에 기독교 가정에서 하나님과 회복된 관계를 갖게 되고 신앙 습관을 갖게 되며 부모와 기타 사람 간 긍정적인 관계를 잘 형성하는 역량을 갖도록 양육된다면, 이는 이후 연계된 발달 단계를 향한 긍정적인 성장의 발판이 될 수 있다. 코로나 19로 인해 유아가 코로나 이전 교회학교 교육 상황에서보다 더욱 제한적인 교육을 받게 되었다. 이에 따라 가정의 중요성이 더욱 부각되었다. 교회학교는 기독 부모가 하나님의 영광을 드러내는 삶을 살며 기독 유아의 기독교 유아 사회정서 인성교육의 양육자가 될 수 있도록 매일의 삶에서 지원하는 방안을 제시하여야 할 것이다.

셋째, 코로나 19라는 언택트 시대에 예배가 예배 될 수 있도록 지원하기 위한 교육 전략 및 지침으로 교회학교의 교육목표를 달성하는데 적합한 교육과정과 자료가 준비되어야 한다. 온전한 예배가 될 수 있도록 교회가 유아부와 가정을 위한 시각적 예배 규칙 및 예배 순서표를 만들어 활용할 것을 제안하였다.

이 모든 교육모델과 실제적인 전략과 방안들이 교회 현장에서 보다 구체적으로 이루어질 수 있도록 총회와 각 노회의 체계적인 역할 분담이 요구된다. 총회는 미래시대 및 코로나 19와 같은 상황적 맥락을 고려한 기독 유아 사회정서 인성개발 프로그램 개발 지원이 필요하고, 노회는 총회와 협력하여 각 노회 산하 교회들이 가정과 연계한 교회교육을 선도하는 플랫폼 역할을 할 수 있도록 해야 한다. 노회별로 유치부 담당 교역자와 교사를 위한 교육과 부모교육 프로그램도 제공해야 한다. 또한 교회학교들이 목표로 하는 기독교 유아 사회정서 인성교육의 목표 성과

들을 평가하고 모니터링하여 기독 유아가 빛과 소금으로서 미래 시대의 준비된 리더로 성장할 수 있도록 지원하는 체계를 구축하여 운영해야 할 것이다.

나아가 자원이 비교적 풍부한 대형 교회들의 지원 역할이 중요하게 제기된다. 코로나 19로 인해 자립하지 못한 많은 교회가 교회학교 교육 유지에 심각한 타격을 입고 있다. 작은 교회들이 스스로 프로그램을 운영할 수 있도록 대형 교회는 프로그램의 실행을 위한 지원을 해주어야 한다.

한편, 기독교 유아교육 전문인들의 역할과 사명이 진작되어야 한다. 4차 산업혁명 시대를 선도하는 기독 인재를 양성하고자 한다면 그 교육의 시작은 영유아기에서부터 이루어져야 한다. 배가 항해를 시작할 때 시작점에서 어떤 방향을 잡았느냐에 따라 그 도착점이 달라지는 것처럼 기독인 인생의 첫 시작이 어떤 방향이었느냐에 따라 그 열매가 매우 달라진다. 선재적 대응은 기독교의 본질 즉 하나님의 말씀에 충실한 것으로 이를 반영한 프로그램이 효과적으로 실행될 수 있도록 지원하여야 한다. 기독교 유아교육 전문인들은 가장 본질에 충실한 프로그램을 지속적으로 개발하고 실행하여 기독 유아가 미래사회를 선도하는 믿음의 사람으로 자라갈 수 있도록 양육하여야 한다.

기독교 유아 인재양성을 목표로 하는 교회학교는 기독 유아가 하나님의 말씀 안에서 하나님과 믿음의 관계를 맺도록 돕고 구원을 확신하는 기독 유아, 하나님의 말씀과 성령의 도우심으로 준비되는 기독 유아, 삶의 터전인 세상에서 빛과 소금이 될 미래 리더 역량을 갖춘 기독 유아, 그리고 궁극적으로 예수님의 성품으로 성령의 열매를 맺는 기독 유아가 되도록 철저하게 책임져야 한다. 기독교 유아사회 정서인성을 겸비한 미래사회 인재양성을 목표로 기독교 유아 사회정서 인성발달 모델을 적용하여 교회와 가정이 체계적으로 협력하여 실천한다면 코로나와 같은 위기를 하나님이 주신 기회로 만드는 계기가 될 것이다.

참고문헌

Calvin, J (1960). *Institutes of Christian Religon: The Library of Christian Classics.* Vols, XI, XXII. Translated by F. L. Battles. Philadelphia: Westminster.

Heo, K. H (2019). *A biblical reflection on a supportive environment for early childhood Christian education*, Chongshin Review, 24, 49-73.

Flower, J. W (1994). 신앙의 단계들. 이재은역. 대한기독교출판사.

구자창 (2017). [예장고신 다음세대 보고서] 주일학교 출석 학생 10년간 34% 나 감소. 국민일보 2017.09.25. http://news.kmib.co.kr/article/view. asp?arcid=0923822433

e-나라지표 (2020). 합계출산율. http://www.index.go.kr/potal/main/ EachDtlPageDetail.do?idx_cd=1428

예장합동(2017). 종교개혁 500주년, 한국 교회 미래 전략 수립을 위한 포럼. 뉴스엔조이. 2017.08.19. https://www.newsnjoy.or.kr/news/ articleView.html?idxno=212645

조혜진, 이승규 (2016) [CBS 주말교계뉴스] 주일학교의 위기⋯ 원인과 대책은? 노컷뉴스. 2016.05.06. https://www.nocutnews.co.kr/news/4589495

허계형 (2020). 기독교 유아사회정서교육. 서울: 대한예수교장로회총회

CHAPTER **5**

코로나 19 시대, 가정과 연계하는 유초등부 신앙교육

함영주 교수
(총신대학교 기독교교육과)

‖ 코로나 19를 대하는 우리의 자세

기독교의 역사관을 한마디로 표현한다면 직선적, 목적적, 섭리적 역사관이라 할 수 있다. 즉 처음과 끝이 있고 세상의 마지막을 향해 달려가는 목적이 있는 역사관이다. 그리고 그 역사의 모든 상황을 하나님이 주관하고 계심을 믿는 섭리사관이다. 이러한 섭리사관을 가진 그리스도인은 인간 사회에서 벌어지는 모든 일이 하나님의 주권과 섭리 가운데 이루어지고 있음을 믿는다. 여기에서 말하는 '모든 일'이란 우리가 보기에 좋은 일일 수도 있고 반대로 고통스러운 일일 수도 있다. 그러나 그리스도인은 이 '모든 일'을 통해 하나님이 합력하여 선을 이루실 것을 믿고(롬 8:28) 살아가는 사람들이다. 그리스도인은 어떠한 상황 속에서도 사건의 '본질적 의미'를 찾고 그것에 대해 '신앙적 응전'을 해야 한다. 그렇다면 현재 우리가 겪고 있는 코로나 19로 인한 팬데믹을 대하는 우리의 자세와 이에 대한 신앙적 대응은 어떠해야 하는가?

오늘날 우리는 한국뿐 아니라 전 세계적으로 경험하고 있는 코로나 19의 팬데믹 상황에 매우 당황해 하고 있다. 일찍이 인류는 14세기 유럽을 휩쓸었던 흑사병, 20세기 초 스페인 독감 등의 전염병을 경험했다. 이러한 전염병들은 당시 수많은 사람을 죽음으로 몰고 간 치명적인 질병이었던 것이 사실이다. 그러나 현대인에게는 그저 책에서나 볼 수 있는 '사료' 로서의 역사에 불과할 수 있다. 하지만 2000년 이후 신종플루, 에볼라 바이러스, 지카 바이러스 등을 경험하면서 우리는 바이러스로 인한 질병이 우리에게 가까이 있다는 사실을 깨닫기 시작했다. 급기야 2020년에 전 세계적으로 확산한 코로나 19 바이러스로 인해 심각한 심리적, 사회적 아노미를 경험하고 있다. 물론 전 세계적으로 이에 대응하기 위해 다양한 노력을 기울이고 있으나 백신과 치료제의 더딘 개발로 인해 인류가 경험하고 있는 심각한 심리적 아노미 현상은 쉽게 가라앉고 있지 않다.

‖ 심리적 아노미 현상을 겪고 있는 기독교교육 현장

이러한 심리적 아노미 현상은 사실 기독교교육의 영역에서도 마찬가지다. 기독교교육은 그동안 수천년 동안 면대면 교육을 기반으로 학습자들을 교육해 왔다. 그러나 코로나 19로 인해 면대면 교육을 실시하기 어려운 상황에 내몰리면서 그동안 당연한 방식으로 여기던 신앙교육의 방법에 근본적인 물음을 던져주고 있다. 물론 코로나 19로 인해 교회 중심, 주일중심, 면대면 중심으로 이루어지던 전통적인 신앙교육이 큰 타격을 입었지만 반대로 생각해 보면 코로나 19는 그동안 우리가 간과했던 기독교교육의 방식에 본질적인 질문을 던져주었고 그와 동시에 해답을 찾을 수 있는 결정적인 힌트를 제공해 주었다고 할 수 있다. 특히 코로나 19가 신앙교육에 던져준 두 가지 중요한 본질적 재발견이 있다. 그것은 바로 부모의 신앙적 책임과 미디어의 활용이다. 전자는 전통의 계승이고 후자는 혁신의 발전으로 설명할 수 있다.

‖ 부모를 통한 전통의 계승과
미디어를 통한 혁신의 발전

사실상 코로나 19 상황이 지속되면서 우리 사회는 '사회적 거리두기'를 적극적으로 시행하고 있다. 이러한 사회적 거리두기는 전통적으로 강조되어 왔던 교회, 교사, 목사, 친구 등과의 '거리두기'를 초래하였다. 이로 인해 우리는 그동안 자연스럽게 여겼던 모든 신앙적 관계들과 '사회적 거리'를 둘 수밖에 없게 되었다. 그러나 이러한 신앙의 영역에서 사회적 거리두기는 역설적이게도 '부모와 거리 좁히기'와 '미디어와 거리 좁히기'라는 또다른 영역에서의 거리 좁히기를 만들어 냈다. 전자는 전통의 계승으로 '하이터치'의 재발견이라 부를 수 있고 후자는 혁신의 활용으로 '하이테크'의 주도적 사용으로 부를 수 있다.

사실 기독교교육에서 가장 중요한 다음세대 신앙교육의 주체는 가정에서의 부모이다. 성경과 교회사를 통해 보더라도 자녀세대 신앙교육의 1차적 주체는 교회가 아닌 가정이었다. 그러나 1780년대 주일학교 운동이 본격화되면서 가정에서 부모가 해야 할 교육적 사명을 교회가 감당하기 시작하였고 시간이 지나면서 보다 조직화되고 현대화된 교육 프로그램 등이 교회에서 시행되면서 부모가 해야 할 신앙교육적 책임이 점차 교회로 넘어간 것이다. 그러나 아이러니하게도 코로나 19로 인해 모든 사회적 거리가 멀어지면서 거의 유일하게 남은 가까운 사회적 거리가 바로 가정, 그리고 부모와의 거리가 되었다. 이는 코로나 19가 다음세대 신앙교육의 본질적 주체가 누구인지 재발견하게 해준 것이라 하겠다.

이와 함께 모든 사회적 거리두기는 '미디어와의 거리 좁히기'를 가속화시켰다. 사실 코로나 19가 아니어도 우리는 이미 멀티미디어를 보편적으로 사용하는 시대를 살고 있었다. 4차 산업혁명 시대를 살고 있는 우리는 이미 AI, IoT, AR, VR 등을 활용한 다양한 스마트 기기를 사용하고 있고 남녀노소 누구나 미디어 사용에 익숙해져 있다. 이러한 상황 속에서 코로나 19는 미디어와의 거리 좁히기를 더욱 가속화했다. 이제는 미디어를 사용해야 하느냐 마느냐의 문제가 아닌 어떻게 사용해야 하는가를 집중적으로 논의해야 하는 시기가 되었다. 그러나 안타깝게도 기독교 교육의 영역에서 미디어 사용 이슈는 일반 교육의 영역에서 논의되는 그것에 비해 한참 뒤처져 있다. 따라서 우리는 코로나 19라는 인류 사회의 악재를 만났지만, 이 사건 속에도 하나님의 섭리가 있음을 고백하며 어떻게 하면 다음세대를 위한 신앙교육을 제대로 할 것인지를 함께 고민해야 한다.

이에 본 글에서는 코로나 19가 가져다 준 전통과 혁신의 재발견의 패러다임 속에서 가정에서 부모의 역할, 그리고 기독교교육에서 미디어의 사용에 대한 논의를 중심으로 유초등부 기독교교육의 방법을 살펴보고자 한다. 특히 본 글에서는 유초등부 학생들이 가정에서 부모와 함께할 수 있는 다양한 신앙교육 방법을 소개하고, 유초등부 여름행사를 어떻게 준비해야 할 것인지에 대해 미디어를 활용한 교육과정 설계를 중심으로 설명하고자 한다.

‖ 코로나 19 시대, 부모와 함께 하는
   슬기로운 유초등부 가정 신앙생활

앞서 언급한 대로 코로나 19는 우리의 모든 사회적 관계에 대해 '거리두기'를 초래했으나 부모와의 관계적 거리는 더욱 가까워지도록 만들었다. 부모들은 재택근무로 가정에 거하는 시간이 늘어났고 자녀들도 온라인 수업으로 가정에 머무는 시간이 이전보다 훨씬 많아졌다. 심지어 코로나 19로 주일에 교회를 가기 어려운 상황이 되면서 가정에서 영상을 통해 예배드리는 사람들이 점점 많아졌다. 코로나 19 발병 초기에는 우왕좌왕했지만 시간이 지날수록 이러한 가정영상예배 방식이 익숙해졌다. 이제는 오히려 교회에 가서 예배하는 것이 불편하게 여겨지는 상황이 되었다. 물론 지금의 이러한 상황은 하루속히 종식되어 교회에 모여 예배하는 면대면 예배의 방식이 회복되어야 한다. 그러나 그럼에도 불구하고 코로나 19는 가정에서 부모가 자녀들을 어떻게 신앙 지도해야 하는지에 대한 매우 중요한 기회를 제공하였다. 이에 코로나 19 상황 속에서 슬기롭게 자녀들을 신앙지도 할 수 있는 몇 가지 방법을 소개하고자 한다.

1) 프로젝트 기반의 가정예배(초등 저학년 고학년 공통)

유초등부 아이들과 함께 가정예배를 드리는 것은 다음세대들에게 신앙을 전수한다는 측면에 있어서 매우 본질적이라 할 수 있다. 자녀들은 부모로부터 신앙적 영향을 받을 수밖에 없다. 부모의 신앙적 삶과 문화가 자녀들에게 그대로 전수되기 때문에 부모는 자녀의 신앙에 결정적 영향을 미친다. 그러므로 부모는 자녀에게 신실한 신앙적 삶의 모습을 보여주어야 한다. 동시에 일정한 시간에 하나님을 경외하고 찬양하는 가정예배를 정기적으로 드리도록 해야 한다. 사실 기독교교육에 관심이 있는 사람이라면 가정예배가 다음세대의 신앙성장에 있어서 매우 중요하다는 사실은 알고 있다. 그러나 문제는 가정예배의 방식이다. 전통적인 가정예배는 대부분 부모 중심으로 구성되어 실행되고 있다. 즉 부모가 예배를 인도하고 설교하며 기도 제목을 놓고 함께 기도한다. 이러한 전통적인 방식의 가정예배는 다분히 인도자 중심이어서 유초등부 자녀들에게는 지루하게 느껴질 수 있다. 결국 예배의 참여동기 및 예배 몰입에 부정적 영향을 미칠 수 있다. 따라서 코로나 19 시대 가정예배는 자녀들이 적극적으로 참여하는 '프로젝트 기반의 가정예배'이어야 한다. 프로젝트 기반 가정예배는 3가지 장점이 있다. 첫째, 이론적 지식 습득과 경험적 실천을 조화할 수 있으며 둘째, 의식으로서의 예배와 삶으로서의 예배를 조화시킬 수 있고 셋째, 신앙적 성취를 기획하고 평가할 수 있다. 프로젝트 기반의 예배는 기본적으로 한 주제를 정하여 4주 단위로 실시하는 것이 좋다. 첫 번째 주에는 프로젝트 주제와 관련된 성경의 내용을 살펴본다. 두 번째 주에는 주제와 관련된 프로젝트를 어떻게 수행할 것인지를 구체적으로 정한다. 세 번째 주는 전 주에 결정한 프로젝트를 수행하고 1차 점검받고 평가한다. 네 번째 주는 전체 프로젝트를 완성하고 포트폴리오를 만들어 발표하며 평가받고 축하하는 것으로 구성한다. 프로젝트 기반의 가정예배는 예배 인도자의 일방적인 강의 및 설교 방식으로 진행하지 않고 가족 구성원 전체가 예배에 경험적으로 참여하도록 유도한다. 이를 통해 예배드리는 자녀들이 모두 자신의 이야기를 하고 자신의 삶을 평가하고 결과물을 만들어 낼 수 있도록 구성한다. 프로젝트 기반의 예배가 긍정적인 이유는 앎과 삶의 통합, 의식으로써의 예배와 삶으로써의 예배 통합, 기획과 평가의 통합이 이루어져 전인적인 신앙 성장을 이룰 수 있다는 데 있다. 유초등부 어린 자녀를 둔 가정에서는 이러한 방식의 예배를 통해 자녀를 신실한 신앙인으로 키워야 할 것이다.

2) 책 읽어 주는 아빠(초등 저학년)

코로나 19 사태로 인해 부모와 자녀가 가정 안에서 함께 머무는 시간이 절대적으로 늘어났다. 그러나 그 늘어난 시간을 효과적으로 보내는 가정은 그리 많지 않다. 이는 자녀의 신앙 성장에 있어서 부모 역할이 얼마나 중요한지에 대한 교육의 부재에서 비롯된 것이다. 이러한 상황에서 가정에서 손쉽게 자녀와 의사소통하고 신앙을 성장시켜주는 방법 중 하나가 '책 읽어주기'이다. 다수의 연구 결과를 살펴보면 부모의 책 읽어주기는 자녀에게 언어발달을 촉진하고 인지와 정서발달에도 긍정적인 영향을 미친다고 한다. 같은 맥락에서 성경동화 읽어주기 역시 아이들의 정서 및 사회성 발달에 긍정적 영향을 끼친다. 이와 같은 연구를 토대로 초등학교 저학년(1~3학년)을 대상으로 교회와 가정이 연계하여 '책 읽어주는 아빠' 프로젝트를 기획하는 것도 좋다. 성경동화, 일반 동화, 기독교 고전 등을 읽어주고 그것에서 신앙적 의미를 찾을 수 있도록 한다면 자녀들의 인지발달은 물론 전인적 성장에도 도움을 줄 수 있다. 이를 위해 교회는 '책 읽어주는 아빠 소그룹'을 구성하고 정기적인 모임을 통해 책 선정, 책 읽는 방법, 자녀와 토론하는 방법, 자녀 신앙을 점검하는 방법 등을 지도할 필요가 있다. 특히 책 읽기의 과정에서 하브루타 방식의 대화 및 토론 방법을 활용하면 자녀의 신앙인지를 자극하고 자신의 삶에 경험적으로 적용할 기회를 제공하여 큰 교육적 유익을 얻을 수 있다.

3) 성경 암송하는 엄마와 자녀(초등 저학년)

자녀들에게 기독교 신앙을 형성시켜주고 성숙하도록 인도하기 위해서는 하나님의 말씀을 읽고, 암송하고, 실천하도록 해야 한다. 성경말씀이 삶의 목적과 길을 제시해 주기 때문에 인간발달의 모든 과정에서 성경을 가르쳐야 한다. 특히 초등학교 저학년 시기에는 성경말씀을 암송하도록 교육하는 것이 필요하다. 성경암송은 하나님의 자녀에게 삶의 기준과 푯대가 무엇인지 알게 한다. 삶 속에서 예수님과 동행하는 법을 가르쳐주고 실제로 그렇게 살아가도록 하여 예수 그리스도를 닮은 제자가 되게 한다. 성경암송은 영적인 싸움에서 승리하도록 도우며 하나님의 위로와 사랑을 깨닫도록 한다. 이처럼 성경암송은 신앙생활에 긍정적인 효과를 가져다준다. 그러나 문제는 고학년으로 올라갈수록 현실적으로 성경암송이 쉽지 않다는 데 있다. 따라서 초등 저학년 시기에 자녀들에게 하나님의 말씀을 암송하도록 유도하는 것이 매우 중요하다. 성경암송은 가정에서 많은 시간을 같이 보내는 엄마와 함께하는 것이 좋다. 일주일에 한 구절을 선택하여 엄마와 자녀가 함께 성경을 암송하고 주중에 특정한 시간을 정해서 한 주일 동안 외웠던 성경말씀을 입으로 표현하여 암송해 보고 그것이 우리의 신앙생활에 어떤 의미가 있는지를 설명해주면 좋다. 엄마와 함께하는 성경암송은 단순히 성경을 인지적으로 외우는 차원을 넘어서 아이의 삶에 어떻게 적용될 수 있을지에 대하여 함께 고민하고 설명하는 것이기 때문에 전인적 신앙생활을 유지하게 하는 데 큰 도움을 줄 수 있다. 특히 코로나 19로 인해 가정에서 엄마와 함께하는 시간이 많아졌기 때문에 하나님의 말씀을 매개로 자녀와 의사소통 하는 것은 효과적인 신앙교육 방법이 될 수 있다.

4) 3R 크리스천 가족 캠핑(초등 고학년)

코로나 19로 인한 사회적 거리두기는 역설적으로 가족 간의 거리 좁히기 현상을 초래하였다. 그러나 상당수 부모는 늘어난 자녀와의 시간에 무엇을 어떻게 하며 보내야 할지 난감해하고 있다. 이러한 상황에서 적절한 신앙교육의 방법 중 하나는 바로 '캠핑'이다. 캠핑은 야외 학습(outdoor education)이라고 불리는데 단순히 야영을 하면서 잠을 자는 것이 아닌 중요한 교육적 의미를 지니고 있다. 캠핑의 세 가지 주요한 교육적 의미는 쉼(Rest), 반추(Reflection), 개혁(Reformation)이라는 3R로 표현할 수 있다. 쉼(Rest)은 자연 속에서 휴식하면서 몸과 마음을 신선하고 새롭게 하는 것이며 반추(Reflection)는 교육상담이나 혹은 자신만의 시간을 통해 자신의 삶을 돌아보고 어떻게 살아갈 것인지를 스스로 고민하도록 하는 것이다. 또한 개혁(Reformation)은 쉼(Rest)과 반추(Reflection)를 통해서 얻는 신앙적 지혜를 자신의 삶에 적용하여 실제적인 생활의 변화를 다짐하고 실천하는 것이다. 이러한 교육적 효과를 얻기 위한 캠핑은 두 가지 방식으로 진행할 수 있다. 첫째는 집 안에서 실시하는 실내 캠핑이다. 둘째는 자연 속에 텐트나 카라반을 활용한 실외 캠핑이다. 실내 캠핑은 집의 거실, 베란다, 옥상 등을 활용하여 텐트를 치고 3R의 의미가 있는 프로그램을 진행한다. 멀리 나가기 어려운 상황 속에서 자녀와 함께 음식을 만들어 먹고, 레크리에이션을 하며, 영화를 감상하고 평가하는 형식으로 진행할 수 있다. 실외 캠핑은 고요한 캠핑 사이트를 선정하여 텐트를 직접 쳐보거나 혹은 기존에 설치되어 있는 글램핑을 활용하거나 캠핑카를 활용한다. 이 방법은 자연 속에서 자녀와 함께 다양한 실외 교육활동을 할 수 있다는 장점이 있다. 자녀들은 부모와 함께 무언가를 해본다는 경험만으로도 심리적 안정과 행동의 변화가 일어날 수 있다.

‖ 성경 스토리 코딩(초등 고학년)

앞서 언급한 대로 코로나 19로 인한 사회적 거리두기는 미디어와의 거리 좁히기를 초래하였다. 사실상 초중고 학생들은 코로나 19 이전에도 스마트폰이나 미디어 사용량이 상당히 많았다. 그러나 안타깝게도 교회학교에서 미디어를 활용한 신앙교육은 흔치 않았다. 일부 미디어 활용을 하더라도 설교영상을 만들어서 학생들에게 보내거나 카드뉴스나 신앙 동영상을 만들어 보내는 정도였다. 요즘 학생들은 단순히 미디어를 소비하는 컨슈머(consumer)가 아니라 그것을 만드는 프로듀서(producer)의 역할도 하고 있다. 그래서 이 둘을 통합한 개념으로 프로슈머(prosumer)라는 개념을 쓰기도 한다. 이러한 현대 학생들의 미디어 사용 특성을 반영하여 교회교육에서도 학생들이 적극적으로 미디어를 생산해 낼 수 있는 미디어 리터러시 능력을 길러줄 필요가 있다. 그중 하나가 바로 '코딩'이다. 이미 우리 아이들은 MIT에서 개발된 코딩 프로그램인 스크래치(Scratch)나 그와 유사한 엔트리(Entry)를 일반 공교육에서 접하고 있다. 이러한 현실을 반영하여 신앙교육에서도 성경 스토리 코딩과 같은 프로그램을 실시하여 학생들로 하여금 성경의 내용을 이해하고 그것을 자신의 삶에 적용할 수 있는 방법을 찾아 보도록 해야 한다. 즉 자신이 읽은 성경의 내용에 현대적 의미를 덧붙여 코딩할 수 있도록 유도하고 거기에 등장하는 캐릭터가 자신의 신앙과 삶을 반영하는 존재라고 설정하여 프로그램을 만들게 하면 자신의 신앙을 반추하고 적용할 좋은 기회가 될 것이다.

‖ 교회-가정이 함께 하는
　슬기로운 유초등부 여름성경학교

코로나 19로 인한 교회의 가장 큰 고민 중 하나는 '여름 행사를 어떻게 할 것인가?'일 것이다. 사회적 거리두기가 실시되면서 거의 모든 사회적 관계들이 단절되었고 그로 인해 교회의 소모임이 현실적으로 어려운 상황 속에서 유초등부 여름성경학교를 어떻게 할 것인가는 큰 고민거리다. 이러한 상황 속에서 슬기롭게 여름성경학교를 진행하기 위해서 앞서 언급한 '혁신으로써의 미디어'를 활용해야 한다. 즉 '온·오프라인 병행 프로젝트 중심의 여름성경학교'를 기획하는 것이다. 이 방식의 핵심은 온라인에서 예배, 성경공부를 진행하고 오프라인에서 개인 프로젝트를 완성하며 다시 온라인에서 피드백 및 평가하는 방식이다. 이를 위해 여름성경학교가 시작되기 전 교회는 구글 행아웃이나 줌을 활용하여 여름행사를 위한 온라인 플랫폼을 구축해 놓아야 한다.

프로젝트 중심의 온·오프라인 병행 성경학교의 실행 방식은 두 가지로 진행될 수 있다. '일 단위 시간표'와 '주 단위 시간표'다. 먼저 '일 단위 시간표'에 따라 진행할 경우 주일이나 주중 하루 혹은 이틀을 정하여 실시하면 된다. 여름성경학교가 시작되면 온라인을 통해서 전체가 예배를 함께 드리고 찬양과 율동을 배운다. 이후 미리 나누어 준 여름성경학교 교재 패키지에 따라 온라인 실시간으로 교사와 함께 소그룹 성경공부를 진행한다. 예배와 성경공부를 마치면 2~3시간 정도 해당 주제에 대한 개인 프로젝트를 오프라인에서 본인이 혼자 혹은 부모와 함께 진행한다. 이렇게 하여 완성된 프로젝트는 다시 온라인 소그룹을 통해서 교사와 함께 점검하고 피드백 평가를 한다. 이러한 방식은 하루 안에 예배와 프로젝트, 그리고 특별활동을 함께 완성한다는 장점이 있다.

한편 앞선 경우처럼 하루 단위의 성경학교 외에도 주 단위 성경학교를 운영할 수도 있다. 이 경우 주일 공식 예배 시간을 활용하여 예배 및 성경공부를 시작하거나 혹은 온라인 실시간 방식으로 예배와 성경공부를 진행한다. 이후 월~목요일에 오프라인에서 개인이 가정에서 부모와 함께 주어진 프로젝트를 완성하는 시간을 갖는다. 금요일에 교사와 함께 온라인 소그룹 시간을 갖고 자신이 완성한 프로젝트를 점검하고 피드백을 받는다. 이러한 주 단위 시간표를 따라 2주 혹은 3주간에 걸쳐 성경학교를 진행해도 좋다. 이러한 '프로젝트 중심의 온·오프라인 병행 여름성경학교'는 코로나 19가 여전히 심각한 상황 속에서 가장 현실적이고 효과적이다.

1) 온라인 특별 프로젝트

한편 여름성경학교 기간 온라인 특별 프로그램으로 '온라인 맛있는 성경 요리대회', '랜선 주제 합창제', '온라인 성경퀴즈대회' 등을 실시할 수 있다. '온라인 맛있는 성경요리대회'는 성경학교 주제와 관련된 음식을 만들어 보는 프로그램으로 성경에 직접적으로 나오는 음식이나 성경학교의 주제와 관련한 의미를 부각시켜줄 수 있는 음식을 함께 만들어 보는 프로그램이다. 교회학교 사역자나 교사는 구글 행아웃이나 줌으로 전체 학생을 초대하고 음식의 성경적 용례, 성경 인물들과의 관련성, 주제와 연관성 등을 설명하면서 순서대로 만들어 가면 된다. 유초등부를 대상으로 하는 음식 만들기이기 때문에 불을 사용하거나 복잡한 조리과정을 거쳐야 하는 음식은 지양한다. 간단한 조리 방식을 통해 만들 수 있는 음식이 좋다. 음식이 완성되면 자신이 만든 음식을 한 사람씩 보여주며 설명한다. 또한 동시에 이 음식과 관련된 성경의 스토리를 재구성하여 이야기하게 하거나 혹은 이 음식을 통해 얻는 신앙적 의미를 성경본문과 함께 설명하는 것도 좋다.

랜선 주제 합창제는 여름성경학교 주제가를 개인이 녹화하여 하나로 합쳐 편집하는 프로그램이다. 교회마다 여름성경학교 주제와 그에 따른 주제가가 있다. 주제가를 학생들에게 파일로 보내주고 학생은 그 음악 파일을 틀어 놓고 이어폰으로 들으며 노래를 녹음한다. 녹음은 가급적 카메라가 있는 컴퓨터나 노트북을 활용하고 녹음 프로그램을 활용하여 녹음한 후 저장한다. 이후 녹음 파일을 교사 혹은 교역자에게 보내고 교회에서는 학생들이 보내온 이 파일들을 편집하여 하나의 합창 파일로 만든다. 그리고 이 완성된 파일을 학생들에게 다시 보내서 자신들이 완성한 프로젝트를 다 같이 감상한다. 랜선 주제 합창제는 전통적으로 오프라인에서 배우던 찬양과 율동 시간을 대체할 수 있고 온라인 상에서 모든 구성원의 하나 됨과 성취감을 느낄 수 있다는 장점이 있다.

온라인 성경퀴즈대회는 여름성경학교에서 배운 내용을 온라인 미디어를 활용하여 점검하는 프로그램이다. 온라인 성경퀴즈를 실시하기 위해서는 구글클래스, 클래스카드, 퀴즈렛 등의 프로그램을 사용하면 된다. 교사나 사역자는 배운 내용을 퀴즈로 만들고 학생들로 하여금 온라인으로 참여하도록 공지하며 일정한 시간에 다 같이 퀴즈에 참여하여 배운 내용을 점검할 수 있도록 구성하면 된다. 퀴즈 형식이기 때문에 난이도, 단계, 시상 등을 고려하여 진행하면 더 효과적이다.

‖ 목적이 분명하고 틀리지만 않는다면 어떤 길이라도 가야 한다.

코로나 19는 우리 사회에 엄청난 변화를 가져다주었다. 우리는 과거에 당연하다고 생각한 모든 패러다임이 한순간에 무너지는 현상을 목도하고 있다. 면대면(컨텍트) 교육, 교실교육, 집단교육, 선생님을 통한 교육 등이 당연했는데 코로나 19는 이 모든 것들이 변화되지 않으면 살아남을 수 없다는 사실을 우리에게 깨닫게 해주었다. 이는 신앙교육에도 엄청난 변화가 있어야 함을 우리에게 보여준다. 전통적으로 교사가 하던 일을 부모가 어떻게 하면 더 잘 할 수 있을까, 언택트 시대에 컨택하지 않고 어떻게 하면 인격성이 가미된 교육을 할 수 있을까? 미디어는 어떻게 사용해야 효과적으로 활용할 수 있을까? 이런 문제를 고민하지 않으면 안 되게 했다. 이러한 상황 속에서 우리가 가져야 할 궁극적 자세는 어떠해야 하는가? 만약 그 길이 목적이 분명하고 틀린 길이 아니라면 우리는 해답을 찾기 위해서 어디라도 가야 한다. 좋은 신앙적 전통은 계승하고 변화하는 시대 속에서 혁신은 반드시 이루어야 한다. 특히 부모가 자녀에게 기독교 신앙을 물려주는 일은 가장 전통적이면서도 본질적인 일이기 때문에 결코 소홀히 해서는 안 된다. 그러나 더불어 4차 산업혁명 시대에 우리가 이뤄내야 할 기계적 영역에서의 혁명적 변화는 혁신을 통해 더욱 발전시켜야 한다. 이러한 전통의 계승과 혁신의 실현을 통해 다음세대 신앙교육은 더욱 견고하게 설 것이다.

CHAPTER **6**

코로나 19 이후의
온·오프라인 교육,
미디어와 중고등부

김수환 교수
(총신대학교 기독교교육과, 컴퓨터교육전공)

‖ 미래세대를 위한 고민

코로나 19가 사회에 던진 돌은 사회 곳곳에 영향을 미쳤다. 교회교육도 예외는 아니다. 교회교육의 대상은 주로 성인이 되기 이전의 학생들로 기성세대가 제공한 교육환경에서 학습한다. 코로나 19 이전 시대에는 오프라인 교회를 중심으로 모든 교육이 이루어지고, 모든 교육과정과 자원은 물리적인 예배당에서 구현 가능하도록 되어 있었다.

코로나 19는 지금까지의 교회교육 환경을 송두리째 무너뜨렸다. 홈페이지조차 갖추지 못한 교회들은 직격탄을 맞았다. 성인 예배도 지속할 수 없는 시점에서 학생들을 대상으로 한 교회교육은 말할 나위 없게 되었다.

어떤 상황에서도 예배와 학생들을 위한 신앙교육은 지속되어

야 한다. 지금 이 시기를 극복하지 못하면 우리가 기대하는 미래
세대는 없을지도 모른다. 지금이라도 미래세대를 위해 할 수 있
는 무언가를 찾아보자.

‖ 온라인 교육, 어떻게 해야 할까?

교회학교 교육은 일반 교육체계와 내용이나 형식 면에서 다르
지만, 팬데믹 상황에서의 공교육의 대응과 운영을 살펴보면 앞
으로의 교회교육 방향을 모색할 수 있다. 본 장에서는 코로나 19
에 대응한 공교육의 상황을 살펴봄으로써 교회교육의 돌파구를
찾고자 한다.

1) 온라인 교육의 현황과 방법

코로나 19로 인해 우리나라 초중고 학생들은 개학을 연기하게
되었다. 4월 9일부터 고등학교 3학년과 중학교 3학년을 시작으

콘텐츠 지원 사례(출처: 교육부, 2020)

▶ 공공 콘텐츠 : e학습터 5.5천 종, EBS 4.3만 종(유료콘텐츠인 'EBS
중학 프리미엄 강좌' 약 15,000편 포함) 제공, 국·검정 교과서 E-BOOK
(497종), 디지털 교과서(134종)
▶ 민간 콘텐츠 : '듣는 교과서(naver 제공)' e학습터 탑재(4.16~, 국, 영,
수, 사, 과, 역, 약 3,000여 편) '세상을 바꾸는 시간 15분(세바시)' 등

로 순차적 온라인 개학을 진행하였다. 당시 온라인 개학을 진행하기에 충분한 인프라를 구축하지 못했지만 교육부와 일선 학교에서는 2~3주 사이에 공공 원격수업 플랫폼을 개설, 확충하고 안정화 조치를 시행하여 온라인 개학을 가능하게 했다. 정부의 준비와 더불어 교사들의 자발적인 참여, 민간의 콘텐츠 지원 등이 있었기 때문이다.[20]

이번 온라인 개학에서 교육부가 제시한 온라인 교육 방법은 크게 3가지로 구분할 수 있다. [표 1]과 같이 실시간 쌍방향 수업, 콘텐츠 활용 수업, 과제 수행 중심 수업이다.

[표 1] 온라인 수업 방법(출처: 교육부, 2020)

구분		운영 형태
실시간 쌍방향 수업		• 실시간 원격교육 플랫폼을 활용하여 교사·학생 간 화상 수업을 실시하며, 실시간 토론 및 소통 등 즉각적 피드백 ※ (화상수업도구 예시) 네이버 라인 웍스, 구루미, 구글 행아웃, MS팀즈, ZOOM, 시스코 Webex 등 활용
단방향 수업	콘텐츠 활용 중심 수업	• (강의형) 학생은 지정된 녹화강의 혹은 학습 콘텐츠를 시청하고 교사는 학습 내용 확인 및 피드백 • (강의+활동형) 학습 콘텐츠 시청 후 댓글 등 원격 토론 ※ (예시) EBS 강좌, 교사 자체 제작 자료 등
	과제 수행 중심 수업	• 교사가 온라인으로 교과별 성취기준에 따라 학생의 자기주도적 학습내용을 맥락적으로 확인 가능한 과제 제시 및 피드백 ※ (예시) 과제 제시 → 독서 감상문, 학습지, 학습자료 등 학생 활동 수행 → 학습결과 제출 → 교사 확인 및 피드백

---

20   교육부. (2020). 코로나 19 대응 : 한국의 온라인 개학 – 미래교육을 위한 도전.

[교육부(4.27~29) 교원대상 온라인 설문조사]

＊ 초중고 전체교원 443,132명 중 224,894명 응답

① 주된 원격수업 형태 : 최소 2개 이상 혼합형(43.4%) ▶ 콘텐츠 활용 중심 (40.9%)
② 2개 이상 혼합형 : 과제 수행+콘텐츠 활용(82.1%) ▶ 콘텐츠 활용 + 실시간 쌍방향(7.1%) ▶ 3개 수업형태 모두 활용(6.9%) ▶ 과제 수행 중심+실시간 쌍방향(3.9%)
③ 주된 수업 콘텐츠 자료 : 교사 자체 제작(58.4%) ▶ 유튜브 등 민간 자료 (43.3%) ▶ EBS 강의(42.1%) ▶ 디지털 교과서(17.2%) ▶ KERIS, 위두랑 등에서 제공하는 강의(14.4%)

온라인 수업 방법은 학교와 교사가 정할 수 있다. 초기에는 교육부와 기관에서 제공한 동영상 콘텐츠를 주로 이용하는 추세였으나 일정 시간이 지나면서 교사들이 스스로 동영상 콘텐츠를 만들어 수업을 구성하게 되었다.

가장 많이 활용된 수업 방법은 동영상 이용이다. 이런 상황은 교회교육에서도 비슷하게 나타날 것으로 예상된다. 콘텐츠 활용 수업의 경우 동영상으로 된 콘텐츠가 필요하다.

2) 온라인 교육 시스템

교육부에서 구축한 온라인 교육 시스템은 [그림 1]과 같다. 교육부에서 공공시스템으로 구축해둔 것을 학교에서 활용하는 흐름으로 진행된다. 교육 플랫폼은 공공에서 제공하는 서비스도

있고 민간에서 제공하는 서비스도 있다. 교회교육에서도 온라인 교육 시스템을 갖추고자 한다면 이와 비슷한 구조의 시스템을 개발하고 운영해야 한다.

교육부에서 제공한 시스템에는 [표 5]와 같은 온라인 실시간 수업도구는 포함되어 있지 않다. 따라서 교육청이나 학교 단위로 온라인 실시간 도구를 구축하고 운영하게 되었다. 온라인 실시간 수업 도구는 참여 학생의 규모와 교육 내용에 따라 적절하게 선택하여 사용할 필요가 있다.

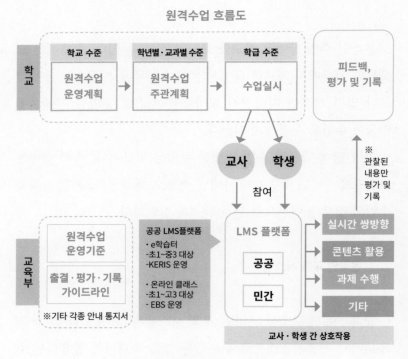

[그림 1] 원격수업 흐름도(출처: 교육부, 2020)

[표 5] 온라인 수업 도구

온라인 수업 도구	특징	활용 방법

구글 미트
(Google
Meet)
	• 동시 접속자 : 최대 250명
	• 사용 시간 : 제한 없음
	• 구글 G-Suite for Education 계정
	  필요
		• 구글 클래스룸을 이용하여 연계
		  가능
		• 구글의 여러 도구(드라이브, 문서
		  도구 등)를 이용하여 다양한 활
		  동이 가능

줌
(ZOOM)
	• 동시 접속자 : 최대 100명
	• 사용 시간 : 40분(무료 버전)
	• 사용법이 간단하면서도 기능이 다양
	• 무료버전은 100명, 버전별로 인원수
	  달라짐
	• 녹화 가능
		• 온라인 실시간 회의나 강의에
		  특화된 도구
		• 사용법이 간단하고 쉽게 활용
		  가능
		• 소회의실 기능이 있어서 그룹별
		  활동도 가능

MS 팀즈
(Teams)
	• 팀 협업을 위한 도구로 실시간 화상
	  도구도 제공
	• MS 계정 필요, 접속자는 게스트도
	  가능
	• 250명까지 가능, 버전별로 인원수
	  달라짐
	• 녹화 가능
		• MS 계정이 있으면 office 365
		  와 연계한 다양한 협업 가능
		• 팀즈 안에서 채팅 등 활동의
		  아카이빙 가능

네이버
밴드
	• 네이버에서 만든 밴드(BAND) 내에서
	  라이브 방송을 할 수 있음
	• 교사가 교실환경에서 폰으로 수업이
	  가능
	• 자동 녹화로 라이브 방송이 영상으로
	  등록됨
		• 우리나라에서 학생들도 많이
		  사용하는 도구로 가입자가 많음
		• 스트리밍 방식이어서 댓글로
		  실시간 반응 가능

카카오톡
라이브
	• 카카오톡에 있는 라이브톡을 이용하여
	  방송 가능
	• 단체 대화방에서 바로 실행 가능
	• 채팅과 라이브 동시에 실행
		• 학생들에게 친숙한 도구로
		  학급별 단체 대화방이 있으면
		  쉽게 접근 가능
		• 스트리밍 방식이어서 댓글로
		  실시간 반응 가능

유튜브
라이브
	• 가장 대중적인 온라인 라이브 플랫폼
	• 동시 접속자 : 제한 없음
	• 사용 시간 : 제한 없음
		• 학생들이 가장 많이 사용하는
		  도구 중 하나이므로 접근이
		  용이함
		• 스트리밍 방식이어서 댓글로
		  실시간 반응 가능

3) 개학 연기에 따른 학습현황 분석

한국교육학술정보원에서 조사한 결과에 따르면 개학 연기 기간에 방학 기간 대비 학원에서 학습 시간이 감소하고 가정에서 디지털 기기를 활용한 학습 시간이 증가(0.5시간 증가) 한 것으로 나타났다.[21]

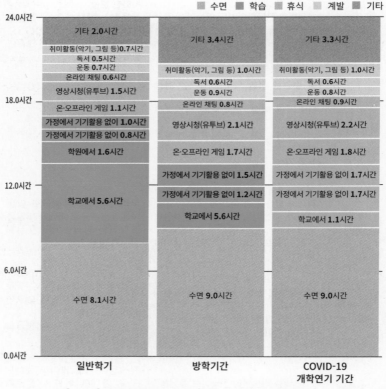

[그림 2] 기간별 일과 시간 비교(한국교육학술정보원, 2020)

---

21 한국교육학술정보원(2020). COVID-19 개학 연기에 따른 초·중·고 원격학습 실태 사전조사. 연구자료 GM 2020-10.

또한 컴퓨터 사용 시간이 방학 기간에 비해 해당 기간 동안 0.5시간이 증가한 것으로 나타나 컴퓨터를 학습에 사용한 것으로 예측할 수 있다.

원격학습의 경우 가정에서 도와주는 사람이 없는 비율(60.5%)이 도와주는 사람이 있다는 비율(39.5%)보다 많았다. 이는 학습 격차가 발생하고 있다는 것을 보여준다.

코로나 19가 교육계에 준 긍정적인 효과는 기술 및 기타 혁신적인 해결책의 도입, 학생들의 학습 자율성 증가, 부모의 개입과 협력 강화가 높은 순위를 차지했다. 교육학자의 입장에서 이번 온라인 개학의 효과는 학습 결손을 최소화했다는 점과 학생들이 스스로 학습할 수 있는 자율성을 강화했다는 측면이라고 본다.

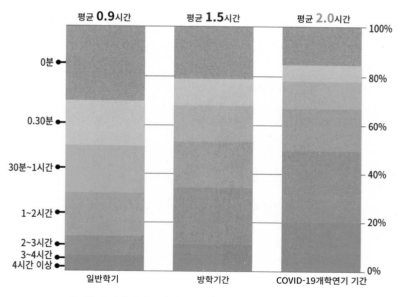

[그림 3] 기간별 컴퓨터 사용 시간(한국교육학술정보원, 2020)

이상의 상황을 종합해 보면 온라인 교육을 하게 되면 기본적으로 컴퓨터와 인터넷 사용 환경이 갖춰져야 하며, 이를 가정에서 지원하지 못할 경우 교육 격차가 발생함을 볼 수 있다. 교육격차를 줄이기 위한 거시적인 차원에서의 해결책이 필요하다. 또한 학습자의 동기를 지속적으로 유발하고 학습 자율성을 강화하는 콘텐츠를 제작하는 것이 시급하다.

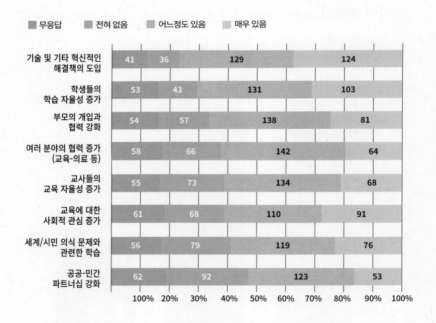

[그림 4] 위기 상황에서 예기치 못한 긍정적인 교육적 결과

출처 : Global Education Innovation Initiative at Harvard and OECD Rapid Assessment of
COVID-19 Education Response. March 18-27, 2020; 계보경, 신효은 역. 한국교육학술정보원.

‖ 블랜디드 신앙교육

지금까지 살펴본 일반교육에서의 상황을 교회교육에 적용하려면 기본적인 시스템과 자원을 갖춰야 한다. 특히 온라인과 오프라인이 결합한 형태의 교육(블랜디드: Blended)에 대한 이해와 설계가 필요하다. 블랜디드 러닝은 온라인과 오프라인이 혼합된 형태다.

블랜디드 러닝이 이루어지려면 온라인 교육이 가능하도록 시스템을 갖추어야 하고, 온라인과 오프라인을 연계할 교육 콘텐츠가 필요하다. 또한 온라인 시스템을 개발하고 운영하는 조직

[그림 5] 청소년 대상 신앙교육 플랫폼 구상도

도 필요하다. 교회교육에서도 포스트 코로나 19 시대를 위해 블랜디드 신앙교육 체계와 시스템을 갖추어야 한다.

블랜디드 신앙교육 체계가 갖추어지면 이 체계 위에서 실행할 교육 모델이 필요하다. 다양한 멀티미디어와 온라인 콘텐츠를 활용하여 아이들의 삶과 결합된 형태의 모델을 만들고 실천해야 한다. 특히 오프라인 교회교육에서 예배와 성경공부를 통해 배운 내용을 삶 속에서 실천할 수 있도록 가정예배와 개인 활동이 연계되는 선순환 구조를 만들어야 한다.

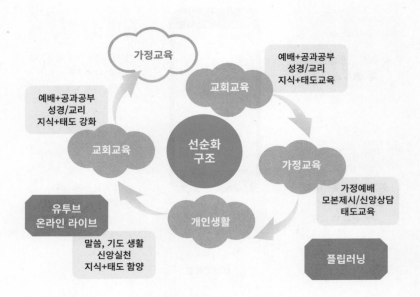

[그림 6] 블랜디드 신앙교육 모델(Kim, 2019)

블랜디드 신앙교육 사례

블랜디드 신앙교육을 교회교육에서 실시한 몇 가지 사례를 살펴보자. 본 사례는 인천의 세계로교회[22] 중등부 학생을 대상으로 적용한 사례이다.

먼저 온라인 개학 동안 학생들의 안전을 위해 온라인 예배를 실시했다. 2부 성경공부는 할 수 없는 상황이 되었다. 첫 주를 그냥 보낸 후, 두 번째 주부터 온라인 라이브 성경공부를 준비하여 실시하였다. 온라인 라이브 성경공부 방법은 [표 2]와 같다.

이때 학생들과 어떤 상호작용을 하게 할 것인가를 적절히 설계해야 한다. 김상균(2020)[23]에 의하면 온라인 교육 환경에서의 상호작용은 [그림 7]과 같이 나누어질 수 있다.

교회교육에서 온라인 교육을 설계할 경우 각 상호작용의 흐름

[표 2] 온라인 라이브 성경공부 방법

구분	세부 내용	준비 사항
도구	줌이나 구글 미트를 이용한 실시간 화상	사전 줌 어플 설치 온라인 활동(퀴즈, 설명자료 등) 준비
방법	성경 함께 읽기 ppt 퀴즈풀기 그룹별 토의하기(소회의실 기능) 찬양하기 등	성경 학습 PPT 찬양 동영상 등

---

22 인천 부평구 소재, 김형찬 담임목사, 중등부는 25여 명 정도가 출석하고 있음.
23 출처: 김상균(2020). https://brunch.co.kr/@gamification/52

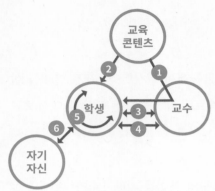

1. 교육 콘텐츠를 학생에게 설명하는 방식
2. 교육 콘텐츠를 학생이 직접 보는 방식
3. 다수의 학생, 교사간 상호작용
4. 학생 개인, 교사 간 상호작용
5. 학생들끼리 상호작용
6. 학생 스스로 자신의 배움 성찰 과정

[그림 7] 온라인 교육환경에서의 상호작용(김상균, 2020)

에서 학생들이 어떤 경험을 하게 할 것인가를 잘 설계해야 학생들의 동기를 지속하고 교육에 참여할 수 있는 흐름을 만들 수 있다. 온라인 성경공부의 경우 6번까지 도달하도록 구성해야 하는데 시간과 여건상 그런 흐름을 만들기가 어렵다. 따라서 정해진 시간 내에 어떤 활동을 어떤 흐름으로 제시할 것인가를 잘 구성해야 한다.

두 번째로 주중 온라인 미션을 제작하여 제시하였다. 주중 미션은 '구글 사이트' 도구를 사용하여 제작하였으며, '스크래치'로 제작한 간단한 게임과 그 주의 요절 말씀을 타이핑하도록 구글 설문지로 제작하여 미션으로 제시하였다. 학생들은 간단한 게임을 통해 성령의 열매를 모으거나 전신갑주를 찾는 등의 활동을 하고, 말씀 쓰기에 도전한 후, 중보기도 대상자를 적고 기도하면 미션을 완료하게 된다.

세 번째 사례는 최근 시행하고 있는 장기 프로젝트로 '주말등 빛 프로젝트'이다. 주말등빛은 '주의 말씀은 내 발의 등이요 내 길에 빛이니이다(시 119:105)'에서 딴 이름이다. 주말등빛 프로젝트의 시행 방법은 다음과 같다.

> 매일 함께 성경읽기 유튜브
> 매일 찬양 듣기
> 매일 말씀 실천
> 신앙 한 줄 쓰기
> 포인트 제도(레벨 승급/기본 미션 수행(말씀, 찬양, 한 줄 쓰기+실천), 특별아이템/ 친구 데려오기, 말씀 읽기, 가족과 함께 참여)
> 레벨 승급(5등급) : 유아 디모데, 아동 디모데, 초등 디모데, 중등 디모데, 청년 디모데

중등부 학생들과 교사들이 매일 10시에 유튜브를 켜고 말씀을 함께 읽고 있다. 참여하는 학생들은 댓글로 자신의 참여 상황을 알려준다. 참여가 끝나면 클래스123 어플을 통해 자신의 참여 현황과 하루 동안 실천한 미션 상황을 미션완료 댓글로 알려준다. 이 댓글을 확인하고 학생들에게 칭찬카드를 주면 포인트가 쌓인다.[24]

이런 방식은 학생들의 흥미와 관심을 유도하고 지속적으로 참여하는 동기를 자극한다. 특히 매일 삶 속에서 성경읽기, 찬양하기, 기도하기 등의 활동을 지속가능한 모델로 만들 수 있다. 이때

24　최근 교육학에서는 이런 방식을 게이미피케이션(Gamification)이라고 한다.

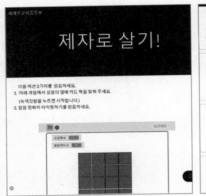

[그림 9] 주중 온라인 미션 예시

[표 4] 스마트 러닝 적용 프로그램 분류(김수환, 함영주, 2016)

학급 관리 도구	상호작용 도구	콘텐츠 제작(활용) 도구
Paddlet Class dojo Class 123 클래스 팅	Paddlet 네이버 밴드 Better Diary OK 마인드맵 클래스 카드 퀴즈렛	QR 코드 성경동화 콤마돌이 OCTV 글로 바이블 VR / 서커스 AR 홀로그램 / 3D 음향

가장 중요한 요소는 교사들의 참여와 역할분담이다. 일반교육과 달리 신앙의 성장은 하나님과의 영적인 교통을 통해 이루어지기에 단순한 지식전달로는 이루어질 수 없다. 따라서 학생을 사랑하는 마음으로 기도해 주는 교사의 지원이 필수적이다. 필자가 속한 세계로교회 중등부 교사들은 매일 성경읽기 참여, 포인트 부여, 학생들의 참여를 위한 기도, 독려글 올리기 등을 분담하여 주말등빛 프로젝트를 함께 만들어가고 있다.

블랜디드 교육을 실행하기 위해서는 여러 가지 도구를 사용한다. [표 4]와 같이 활용 가능한 도구들이 있다. 총신대학교에서는 [표 4]에서 제시한 도구의 사용법과 교회교육에 적용하는 방법을 가르치고 있다. 블랜디드 교회교육을 위해서 이런 도구를 활용하는 다양한 사례가 개발되어야 한다.

‖ 미래를 위한 교회교육

지금까지 살펴본 바와 같이 인류에게 닥칠 문제는 팬데믹, 이상기후, 전쟁 등으로 글로벌한 해법이 필요한 상황이 될 것이다. 코로나 19는 언제 종식될 지 모른다. 미래세대 아이들을 위해 우리가 해야 할 것은 비슷한 상황이 일어날 경우를 대비하는 것이다. 오프라인 예배와 성경공부를 지속할 수 없는 상황을 대비해서 예배와 성경공부가 멈추지 않도록 시스템을 갖추어야 한다.

마지막으로 미래세대를 살리기 위한 교회교육을 위해 다음과 같은 사항을 제안한다.

- 총회에서는 미래 교회교육을 위한 거버넌스를 구축하고 미래 교회교육을 위한 방안을 마련해야 한다.
- 온라인과 오프라인이 연계된 블랜디드 교회교육 시스템을 구축하고 운영해야 한다.
- 학생들이 삶 속에서 쉽게 접근하여 교육받을 수 있는 양질의 교육 콘텐츠를 만들어야 한다.

- 온라인 세상을 학생들을 대상으로 한 선교의 장으로 여기고 다양한 크리스천 문화 생태계를 조성해야 한다.
- 교육 격차를 해소하기 위해 환경이 갖춰지지 않은 학생들에게 교회가 나서서 신앙교육 환경을 마련해 주어야 한다.
- 미래세대가 온라인 세상에서도 크리스천의 태도와 자세를 실천할 수 있도록 '디지로그[25] 크리스천' 교육을 실시해야 한다.
- 블랜디드 교육을 실시할 수 있는 교회교육 교사 양성 시스템을 만들고 교육해야 한다.
- 신학교에서 미래 교회교육을 준비하는 지도자를 양성해야 한다.

미래는 코로나 19뿐만 아니라 다양한 재앙이 예배와 신앙교육을 위협할지 모른다. 이번 기회를 타산지석 삼아 미래세대 아이들을 위한 신앙교육 체계를 만들어야 한다. 지금 준비하고 시스템을 갖추지 않으면 미래세대 아이들은 예수 그리스도를 경험하기도 전에 세상에 휩쓸려갈 것이다. 더 늦기 전에 서둘러야 한다. 안전하고 올바른 교육 환경에서 아이들이 미래세대 크리스천으로 자라나도록 해야 한다.

"지금이 미래 교회교육을 위한 가장 중요한 시기이다!"

---

25 이어령 전 장관이 만든 단어로 아날로그와 디지털의 합성어이다. 본 고에서는 아날로그 세상에서의 영성이 디지털 세상에서도 발현되는 의미로 사용하였다.

참고문헌

김상균 (2014). 교육, 게임처럼 즐겨라. 서울: 홍릉과학출판사.

김상균 (2019). 가르치지 말고 플레이하라. 화성: 플랜비디자인.

김수환, 함영주 (2015). 멀티미디어 창작을 활용한 기독교교육의 가능성 연구. 기독교교육정보, 44, 67-97.

김수환, 함영주 (2016). 교회교육에서의 스마트러닝 적용 방안. 한국복음주의 기독교교육학회 2016년 춘계 학술대회 논문집.

함영주 (2012), 심장을 뛰게 하는 가르침의 기술. 서울: 소망플러스.

Kim, S. H (2019). *Development of Online Project-Based Learning for Church School*. Chongshin Review 2019, 24, 165-186.

CHAPTER **7**

코로나 시대를
지나는 교회의
자기 성찰

유은희 교수
(총신대학교 기독교교육과)

코로나 바이러스로 인해 전 세계가 현재까지 함께 겪고 있는 경험은 단순화하기가 쉽지 않다. 개인과 사회, 국가와 국가, 거주지와 계층, 직업군과 연령 등에 따라 경험하는 것이 달랐다. 개인과 사회가 고난과 재난의 상황을 지나가는데 필요한 심리적 지지, 고난과 재난을 설명하는 종교와 철학의 힘이나 세속사회 제사장들의 역량, 사람들 간의 관계와 신뢰를 포함하는 사회적·문화적 자본의 유무 등 많은 요인이 경험의 다양성을 가져왔다. 사랑하는 사람이나 건강을 잃은 슬픔이나 상실감, 실직과 생계의 위협, 출입과 대면 접촉의 부자유함으로 인한 불편과 외로움, 그리고 불확실한 상황이 계속되면서 오는 염려, 우울감, 소망의 상실, 어린아이들이 잃어버린 학교와 놀이터, 자연과 친구는 고통의 경험이었다. 그러나 다른 한편으로 코로나 19 상황은 변화에 대한 저항과 규제로 묶여 있던 미래, 4차 산업혁명이 가져올 구조적 변화, 그리고 디지털 비대면 기술의 실용화를 성큼 다가오게 해준 뉴노멀로 가는 촉매제가 되었다.

그럼에도 불구하고 누군가가 말하듯 큰 재난이 우리에게 가장 먼저 상기시켜주는 진리는 우리가 세상을 통제하는 줄 알았지만 사실 그렇지 않다는 사실이다. 스탠리 하우어워스(Stanley Hauerwas)의 표현을 빌린다면, "포스트 코로나 시대는 어쩌면 통제할 수 없는 세상에서 살아가는 법을 우리가 다시 배워야 한다."는 의미일 수 있다(Hauerwas, 2018, 111). 그것을 배우는 일은 믿지 않는 이들뿐 아니라 기독교인도 쉽지 않다. 통제할 수 없는 세상에서 살아가는 법을 다시 배운다는 것은 과학 이전의 세계로 돌아가자는 의미도 아니다. 이 장은 코로나 상황을 지나고 있는 성도들과 사역자들의 목소리를 담았다. 그들의 목소리를 기반으로 한국 교회가 코로나 시대를 지나면서 발견한 우리가 가진 자원이 무엇이며, 기회가 무엇인지, 그리고 포스트 코로나 시대에 교회와 교회교육은 어떠해야 할지에 대한 자기 성찰적 질문과 제언을 다뤘다.

‖ 코로나 시대, 한국 교회 이야기

지난 2월 이후 코로나로 인해 현장 예배와 소그룹 모임이 어려워진 상황에서 교회는 어떻게 대처해 왔을까? 성도의 교제는 어떻게 이루어지고 있을까? 가정에서는 어떤 일들이 일어나고 있을까? 작은 교회는 상황이 어떨까? 학문적이거나 연구의 엄격성을 담보하지 않고 파일럿 스터디 형식으로 편의 표집 방식에 따라 소수의 사역자와 성인 성도들을 면담하면서 아래와 같은 목소리를 들을 수 있었다. 긴 이야기들을 듣다 보면 우리가 코로나 상황 속에서 무엇을 했는지, 어떻게 했는지, 그리고 왜 했는지에 대한 자료를 수집할 수 있고, 이는 우리에게 내용, 방법 그리고 신학적 교육적 전제에 대한 다양한 수준의 성찰을 가능하게 할 것이다.

1) 중대형교회 이야기 - '온라인 사역 역량 업그레이드'

사역자인 A는 천 명 이상이 출석하는 서울의 대형교회 목회자이다. A가 속한 교회는 구청과 협력하여 평소에도 지역주민을 위한 행사를 개최했었다. 코로나 상황에서도 지역 사회에 사회적 거리두기와 방역 등 모든 면에서 본을 보이고자 노력했다고 한다. 교육과 경제 수준이 그리 높지 않은 교인분이 대부분이라 방역이나 예방에 대한 지식과 정보가 부족하여 사람들이 더 큰 어려움을 겪을 수 있다고 판단하고 코로나 상황이 심각해지기 전에 현장 예배를 중단하고 온라인 예배로 빠르게 전환했다.

6월 말 기준, 온라인 예배와 병행하여 현장 예배를 재개했다. 출석률은 65~70%이며, 헌금도 그 정도 수준을 유지하고 있다고 한다. 25%정도 되는 성도들은 거의 '연락이 두절된' 상태다. 온라인 예배 영상도 보지 않고 주중과 주일 현장 예배가 재개되었지만 한 번도 참석하지 않고 있다. 10%의 성도들이 현장 예배와 온라인 예배를 오가고 있다. 주목할 점은 어르신들과 어린 자녀를 둔 가정의 참석률이라 했다. 가정에서 아이들은 전염될까봐 교회에 못 가고, 어르신들은 면역력이 약해 코로나에 취약할 뿐 아니라 손자 손녀들을 돌봐주시다 보니 교회에 못 나오는 것 같다고 설명했다. 오후 예배와 소그룹은 아직 정상화되지 못했다.

　A가 속한 교회는 현장 예배가 중단된 시기에도 적극적으로 사역했다. 가정마다 방문하여 마스크를 전달하고, 교육부서들은 온라인으로 학생들과 소통하고, 어린이날에는 교회 앞 주차장에 드라이브스루(drive-through)로 선물을 나눠주기도 했다. 온라인 콘텐츠를 제공하는 히즈쇼와 파이디온을 비롯한 여러 기관의 자료들을 활용하여 흥미로운 교육 콘텐츠를 만들어 영상을 내보냈다. A는 말하기를, 어느 정도 규모가 있는 교회들은 담임목사가 이미 영상 설교를 해와서 빨리 적응할 수 있었다고 했다. 더 나아가 코로나 바이러스로 인한 상황이 장기화될 것을 예상하고 재정을 들여 기존에 있던 방송실 외에 부교역자들도 설교를 온라인으로 녹화할 수 있도록 영상실을 만들고 영상콘텐츠 제작에 필요한 특수 장비를 갖추게 되었다고 했다.

　A가 속한 교회와 비슷한 규모의 교회를 섬기는 S의 교회 상황도 크게 다르지 않았다. 코로나로 인해 성도들이 보이지 않고 교회 내가 조용한 듯 보였지만 이 기간을 오히려 안식년으로 생각하는 여유가 있었다. 여전히 주중에 교회에 출근하는 사역자들은 매일 한 시간씩 기도하는 것으로 하루의 사역을 시작한 것은

또 하나의 변화였다. 성도들을 위한 기도 목적뿐 아니라 사역에 쫓겨 바삐 일과를 시작하는 것 대신 개인적인 영적 회복의 기회가 되었다고 했다. "누구에게나 처음 가보는 길"이기에 코로나19로 인한 상황이 지속된다면 무엇을 어떻게 해야 할지, 교회교육이 어떤 방향으로 가야 할지에 대한 "구체적인 계획을 내놓기에는 아직 이른 감"이 있다고 말했다. 하지만 S가 속한 교회와 같이 "충분한 전문 인력을 갖춘 대형교회보다는 작은 교회를 위한 대책 마련이 시급"하다는 말에서 여유와 자신감이 느껴졌다.

S는 "오프라인에서 했던 것을 그저 온라인으로 옮겨놓는다면 현장에서 했던 프로그램의 효과가 반감될 뿐"이라며, 온라인에서는 새로운 성격의 시도가 필요함을 인식하고 있었다. 그 시도의 일환으로 최근 사역자들이 기획하여 가족과 공동체, 사역자를 서로에게 이어주는 자연스러운 분위기의 대화와 찬양, 무대위와 무대 밖 성도들의 인터뷰가 어우러진 정서적인 온라인 라이브 프로그램을 시작했다. 평소에 신앙 훈련에 힘써왔던 성도들은 헌금과 십일조 생활을 예전과 같이 실천하고 있었다. 헌금의 감소로 교회가 현장 예배를 고수하는 것이 아니냐는 세상 매체의 목소리와 우려는 이 교회의 이야기가 아니었다. 비대면 온라인 사역으로 인한 변화 중 사역자 S의 시선을 끄는 것이 있었다. 온라인 예배 영상을 송출하면서 본 교회 성도보다 외부인들이 더 많이 예배에 참여하고 설교를 듣는다는 것이다. 그래서 그 확장된 청중 내에 있는 소위 말하는 '가나안 성도'들과 믿지 않는 사람들을 위해 설교 안에 어떤 메시지를 넣을지 고민하게 되었

다고 했다.

2) 작은 교회 이야기 - '고군분투'

사역자인 B의 교회는 B의 아버지가 개척한 작은 규모의 교회이다. 코로나 상황에서도 한 번도 쉬지 않고 현장 예배를 드렸다고 한다. 온라인 영상을 만들 능력도 없고 송출 장비도 없었다. 성도의 믿음도 약해서 온라인 예배를 찾아서 들을 사람이 없다고 한다. 온라인 라이브를 생각해 보았지만 들어올 사람이 없었다. 코로나 상황에서 교회에 나오는 가정은 서너 가정밖에 없지만 "예배드릴만한 사람은 이미 다 교회에 와 있다."고 판단했다. "설교를 녹음해서 카페에 올려드리는데 안 들으세요."라고 말했다. 코로나가 장기화될 수 있다는데 스무 명에서 서른 명 되던 성도들이 이제 다 떠나고 다섯 명 남짓 되는 성인 성도들이 현장 예배에 와서 앉아 있다.

현재 상황이 장기화된다면 무엇이 걱정되고 어떤 대비책이 있는지 물었다. "우리가 손 쓸 방법이 없죠. 현실적으로… 골머리를 써봤는데 없어요."라고 대답했다. 이 기간이 끝나면 교회를 떠난 성도들이 다시 돌아올지 질문했다. "저희 가족끼리 사역회의 같이 이야기했는데 정말 이 기간은 작은 교회에게는 알곡과 쭉정이를 가르는 시간이었다고. (…) 나간 사람들이 다시 돌아오리라 생각하지 않아요."라고 말했다. 코로나가 끝나면 작은 교회 중에는 교회를 다시 개척해야 하는 것과 다를 바 없는 형편에 놓일 교회도 있을 것이다. 교인 수가 어느 정도 성장하다가 손 안의 모래알처럼 빠져나가는 상황은 코로나가 없을 때도 개척교회가 주기적으로 경험하는 위기이기도 했지만 말이다.

B가 섬기는 교회의 교육부서 상황을 더 들여다보니 B 교회는 어른 성도에 비해 아동이 훨씬 많았다. 코로나 이전에는 서른 명 정도의 아이들이 나오기도 했다고 한다. 부모가 교회에 다니지 않는 가정의 아이들이 상당수다. "특별한 콘텐츠가 있는 것도 아닌데 감사한 일이다."라고 말한다. 교회를 개척하는 순간부터 가까운 친척의 장례가 있었던 특별한 경우를 제외하고는 "비가 오나 눈이 오나 수요일마다 방과 후 학교 전도를 쉬지 않았던" 까닭도 있을 것이다. 그러나 올해 2월 코로나 상황이 심각해지고 어린이 예배를 곧바로 중단했다. 오랜 기간 한결같이 나갔던 학교 앞 전도도 할 수 없었다. "처음으로 코로나 때문에 중단하게 되었어요. 학생들이 학교도 안 가고 외부인을 만날 수도 없으니 전도를 못 하는 거죠."라고 말한다. 특별한 도구도 기술도 없는 탓에 찬양, 설교, 기도, 사도신경 순서를 맡은 예배 담당자들이 각각 핸드폰으로 영상을 찍고 앱으로 편집한 예배 영상을 가정으로 보내주었다고 한다. 그러나 핸드폰이 없는 아이들이 많았고, 믿지 않는 집 부모님에게 영상을 보내도 자녀들에게 보여주지 않으니 소용이 없었다고 했다.

예수 믿는 가정 중에도 영상을 안 보여주는 부모가 있다는 말에 왜 그런지를 질문했다. "공부해야지 무슨 영상을 보냐고 하셔서 못 본다. 숙제도 안 하고 그런 걸 볼 자격이 있냐고 하신다."는 답변이 돌아왔다. 그러면 학생들이 예배를 드리기 위해서도 과제와 학교 공부에 충실히 할 수 있도록 지도하면 되지 않느냐고 물으니, "숙제가 너무 많고 온라인 수업을 처음 하니 버겁나 봐요. 예배를 드려야 하니 과제를 하라고 해도 형편이 어려우니까. 누가 봐 주시는 분들도 없고…."라고 대답한다. 온라인 수업을 하면서 빈부의 격차가 디지털 격차로 이어진다고 하더니, 디지털 격차뿐 아니라 온라인 수업을 따라갈 수 있도록 도와주는 부모나 조부모, 누군가의 사회적 지지와 도움이 있는가의 여부가 학생들의 학업 수준과 생활의 질에 영향을 미친다는 것을 보게 된다. 시중에 나온 총회나 파이디온과 같은 연령별 교재 활용과 관련해서도 역기능가정이나 저소득층의 아이들이 많은 지역의 개척교회가 사용하기에는 적합하지 않다고 토로했다. 학력 수준과 이해도가 낮은 아이들이 다수일 때 해당 연령의 교재를 활용할 수도 그렇다고 연령을 낮추어 사용하기도 어렵다는 것이다.

그럼에도 불구하고 B의 교회는 쉼 없이 고민하며 무엇인가 시도하고 있었다. 코로나로 인한 긴 방학이 끝나고 마침내 개학한 날, 그리고 어린이날에도 집집마다 방문하여 선물을 전달했다. B 교회가 있는 지역에는 경제적으로 어렵고 한부모 가정이 많아서 선물을 전달하면 싫어하는 편은 아니라고 했다. 온라인 영상을 만들어 보내도 부모님이 보여주지 않아 한 달 치 공과 공부 교재를 만들어 아이들의 얼굴도 볼 겸 방문하여 선물과 함께 나눠주었다고 한다. 최근에는 학생 혼자서 할 수 있는 성경 말씀 필사 공책을 배부했다고 한다.

고군분투하고 있는 이 작은 교회의 담임 목사님은 개척 후 처음으로 주중에 직장을 다니게 되었다고 한다. 일의 성격상 전도와 목양 사역을 이어갈 수 있어 의미는 있지만 계획하지 않았던 겸직, 직장 생활의 시작이었다. 면담을 마치며 마지막으로 어떤 도움이 필요한지 물었다. "작은 교회들은 방법이 없어요. 고민이 뭐가 있냐고 해도 다 고민이라서 말할 수가 없어요. 해결해 줄 사람도 없고, 다른 성도들에게 도와달라고 하는데 기쁜 마음으로 하지 못하고 부담스러워하니 우리 가족이 할 방법을 늘 찾을 뿐이에요. (…) 하나님이 주신 사역이니 접을 마음은 전혀 없죠. 오히려 다른 방법을 찾고 있지." 그리고는 "성도가 적어 사회적 거리두기는 너무 잘 돼요. 주변에 큰 교회 다니는 분들이 자기 교회 못 가니 가끔 오시기도 하고."라고 웃으며 말했지만 B의 막막함 전해왔다.

3) 온라인 예배와 공동체 들여다보기 - '본능에 반하는 모임'

온라인 예배를 드리는 성도 개인의 경험을 한번 들여다보자. 전문 사역자가 아닌 성도 C와 대화를 나누다가 목회데이터연구소에서 2020년 4월 초에 온라인 패널 1천 명을 대상으로 코로나19가 한국 교회에 미친 영향에 관한 설문조사 결과를 언급했다. 그중 온라인과 방송 혹은 가정예배를 드렸다는 참여자들에게 예배를 드리면서 어떻게 생각했는지를 물으니 다른 응답들과 함께 "교회에서 드리는 예배가 얼마나 소중함을 느꼈다."가 82%, "교회를 못 가 아쉬움에 뭉클함, 눈물이 났다."가 54%였다. 이 결과를 C 본인의 경험과 비교해달라고 했다.

"(내 생각에는) 처음에는 예배의 소중함을 알았어요. 온라인 예배도 좋네, 은혜롭고. 온라인 예배를 드려도 성령이 충만했어요. 그러나 점점 익숙해졌어요. 딱히 실시간 예배도 그립지 않아졌어요. 잊어버렸어요. 그 느낌, 예배하는 느낌…. (하나님이) 모이라고 하셨으니까 모임 가운데 주시는 은혜도 있잖아요. 성령님께서 하시잖아요. 만날 때 모임 가운데 주시는 그 은혜는 그립지요. (…) 이제 온라인 예배 그만하고 싶어요."

C 안에 있는 복잡한 심경은 공동체에 관한 태도에서도 잘 나타난다. C가 소속된 교회는 목장의 활성화를 위해 노력하고 있다. 줌(zoom)을 통해 목장 모임을 권하지만 모든 목자가 실천하지는 않고 있다. 현재는 카톡방에서 기도제목을 나누고 각자 자리에서 서로를 위해 기도하기를 격려한다. 공동체 모임에 대해서 물으니, "공동체는 연락을 하지 않다 보니 남이 됐어요. 기도제목을 카톡방에서 나누기는 하는데 마음이…. 줌 미팅(zoom meeting)을 해야 하는데 목자가 용기를 못 내서 그렇거든요." 두시간이 넘도록 서로의 기도제목을 나누며 기도하던 목장 모임이 코로나로 인해 모이지 못하면서 이제는 서로 연락을 하지 않아 남 같이 되었다고 한다. 목장 식구들과 공동체 모임이 그립냐는 질문에 "만나면 좋고, 그런데 안 만나면…." 이라며 말을 흐렸다.

D의 경우도 크게 다르지 않다. D가 다니는 교회는 모든 성도가 서로를 알 만한 60명 정도의 소형교회다. 예배 후 집으로 가는

D에게 사회적 거리두기를 하며 짧게 드려지는 예배 후 소그룹 공동체 모임 없이 헤어지는 게 아쉽지 않은지 물었다. "저는 지금이 좋은데요!"라고 대답하고는 집을 향해 발걸음을 재촉했다. D의 교회를 참관하면서 공동체 모임을 하지 못해서 혹은 일주일 만에 만난 성도들과 시간을 보내지 못해 아쉬워 교회 주위에서 마스크를 낀 채로 삼삼오오 이야기를 하는 성도의 모습을 그리 보지 못했다. 대부분 마스크를 낀 채로 교회를 속히 빠져나가고 있었다.

다시 C의 이야기로 돌아가자.

"만나면 좋고, 그런데 안 만나면⋯." 하며 말끝을 흐리던 C가 곧이어 다음과 같이 말했다. "주님을 믿는 모임은 우리 본능에 반하는 모임인 거죠. 만나면 좋지. 성경공부 얼마 안 하지만, 문제 가지고 나누고 기도제목 나누고 기도하고. 그러나 모든 예배와 하나님을 알아가고자 하는 것은 본능에 반하는 거죠."

흥미로운 답변이었다. 그의 답변에는 양면적인 태도와 감정이 있다. 이제 온라인 예배를 드리는 데 익숙해지고 실시간 현장 예배를 그 전처럼 사모하지 않을 정도로 마음이 둔해졌지만 동시에 과거에 함께 성도들이 모여 예배할 때에 성령님이 주셨던 은혜를 기억하며 마음 깊은 곳에서 그 경험을 그리워한다. 공동체 모임도 마찬가지다. 이제 목장 식구들이 그리 그립지도 않고 목장 모임이 없으니 시간도 여유롭고 몸도 편하다. 육체의 본성은 편안함을 추구하고, 코로나로 인한 현재의 교회 상황은 그 본성에 적합한 환경을 제공해 준다.

그러나 성도 C는 그가 말한 대로 "본능에 반하여" 다시 모이라는 초청을 받을 때 피곤할지라도 다시 응답할 의지가 있어 보였다. "코로나의 영향이라는 게 모이기에 힘쓰지 못했기 때문에 모이기에 힘쓸 때 누리는 모든 유익은 못 누리는 거지요."라고 하는 그의 말에는 함께 예배하고 기도하고 성경을 공부하며 하나님을 알아갈 때 누리던 은혜와 유익에 대한 그리움이 담겨 있었다. 또한 무엇이 옳은지에 대한 말씀의 기준이 있다. 그러나 목회데이터연구소의 결과에서 느껴지듯이 모든 성도가 그런지는 불확실하다. D가 속한 교회 사역자는 '온라인 예배도 예배다.'라는 가르침은 코로나로 인해 모든 교회가 현장 예배에서 온라인 예배로 전환되는 상황에서 온라인 예배도 현장 예배와 같이 신령과 진정으로 드려져야 한다는 의미로 전달한 메시지였지만 우려의 여지가 있다고 말한다. 왜냐하면 코로나가 진정된 후 연약한 성도들은 온라인 예배도 예배이니 더 이상 현장 예배에 반드시 나와야할 필요가 없다고 생각할 수 있기 때문이다.

그렇다면 줌이나 다른 방법으로 공동체 모임을 쉬지 않고 해온 교회는 상황이 어떨까? 온라인에서의 비대면 공동체 모임은 오프라인에서의 면대면 공동체 모임에서의 풍성한 나눔과 교제를 어느 정도 가능하게 할까? 온라인 공동체 안에서 나타나는 새로운 현상이 있다면 무엇일까? 공동체의 중요성을 강조할 뿐 아니라, 공동체 내에서의 말씀 묵상을 기초로 한 죄의 고백과 솔직한 나눔으로 잘 알려진 교회의 성도들과 공동체 모임에 대해서 대화를 나눠보았다. 부목자로 섬기는 성도 E는 온라인 공동체 모임의 규칙이 있어서, 그에 따라서 모임을 진행하다 보면 여전히 공동체 모임에서 얻게 되는 유익을 누릴 수 있다고 말한다. 그러나 성도 G는 다음과 같이 말했다. "줌으로 쉬지 않고 온라인 공동체 모임을 해 왔습니다. 3시간 정도 진행되고요. 그러나 면대면으로 할 때와는 다릅니다. 깊은 내용도 나눴었는데 지금은 다른 사람이 들을까 봐 다 말하지 못해요. 또 힘들어하는 목장 식구와 나눔을 하고 나면 다독여 주고 싶은데 온라인에서는 그럴 수가 없어서 속상해요." 컴퓨터를 켜고 줌으로 하다 보니 줌을 하는 그 공간을 지나다니는 식구들이 혹 들을까 봐 염려되어 비밀보장 면에서 불안해하는 것 같다.

온라인 공동체 모임에는 새로운 규칙이 있다. 예를 들어 여전히 세 시간 이상 공동체 모임을 하지만 그 긴 시간을 컴퓨터 앞에서 집중하기가 쉽지 않다. 따라서 길게 이야기하기보다 요약해서 말하고 다른 사람이 나누는 중에 끼어들어 반응하거나 질문하지 않고 기다려야 한다. 어깨를 다독여 줄 수도 없고 자신의 어려움이나 속상함을 나누는 형제자매를 위해 감정의 해소를 도울 즉각적인 반응이나 조언을 하기 어렵다. 또한 이야기를 마칠 때까지 기다리고 한 명씩 음소거를 풀고 말해야 한다. 온라인 환경에서 대화하는 규칙과 기술적인 제약들로 원활하게 나누기가 어렵다. 또 집에만 있다 보니 여성들은 화장을 안 하고 외출복이 아닌 집에서 입는 옷을 입고 있다가 저녁에 줌으로 공동체 모임을 하면 화장기 없는 얼굴을 보여주기가 불편하다고 했다. 그런가 하면 컴퓨터 화면에 자기 집 내부가 보이는 것을 부담스러워한다고 했다. 또한 디지털기기에 익숙지 않아 여러 번 설명해 주어도 줌 회의실에 들어오지 못하고 그것이 부끄러워 공동체 모임에서 떨어져 나가는 사람도 있다고 한다. 기술적으로 해결될 수 있는 문제도 있지만 자신의 깊은 내면을 나누는 공동체라도 온라인 환경에서 또 다른 자신의 일부를 공개하는 것을 부담스러워 하는 것 같다.

4) 가정 들여다보기 - '아이러니'

그렇다면 가정에서는 어떤 일이 일어나고 있을까? 기독교교육 전문가들은 오랫동안 성경에 근거해서 자녀의 신앙교육의 일차적인 책임과 의무가 부모에게 있다고 강조해 왔다. 교회가 아닌 가정에서 온라인 예배를 드리면서 자녀의 예배 태도와 신앙을 지도하는 책임이 교회 사역자와 선생님에서 부모에게 돌아갔다. '어쩔 수 없이' 돌아갔다고 해도 코로나 상황으로 인해 변화된 국면 중에서 가정에서 부모에 의한 자녀 신앙교육의 회복 혹은 시작은 기독교교육자들이 가장 긍정적으로 반기는 현상이다. 그러나 부모도 이를 지원하는 교회도 이 상황이 쉽지는 않다. 한 지인이 기독교교육자인 연구자에게 물었다. "자녀들과 함께 가정에서 온라인 예배를 드리는데 처음에는 찬양팀에 있던 아이라 일어서서 율동도 따라 하고 찬양을 하더니 어느 순간부터는 앉아서 예배를 드리고 이제는 '찬양 안 부르냐'고 해도 따라하지 않아요. 어떻게 해야 해요?" 듣고 있던 다른 지인도 코로나로 인해 집에서 온라인으로 예배를 드리는 기간이 길어지면서 아이들이 교회는 왜 가야 하는지, 예배는 왜 드려야 하는지 물어왔다고 한다. 자녀들의 신앙적인 질문에 부모가 답을 주어야 하는 상황이 낯선 것이다.

C의 가정 이야기를 자세히 들어보았다. 주일이면 남편과 두 자녀와 조부모가 함께 모여 온라인으로 예배를 드린다. "TV 모니터를 통한 영상예배는 보는 거잖아요. 관람자야, 참여자가 아니라. 처음보다 훨씬 간절함과 열렬함이 줄어들었지. 해이해진 거지요. 이제 (온라인 예배 시간에) 자꾸 지각해요." 온라인 예배에 익숙해지면서 태도가 바뀌는 것도 문제지만 더 주목할 것은 코로나 바이러스 확진자의 추세와 질병관리본부의 지시에 따른 교회의 대응 방식이 시간에 따라 변하고 이에 따라 가정에서 가족이 함께 드리던 예배의 역동이 바뀌는 것이다.

C의 설명에 따르면, C가 다니는 교회는 코로나 초기에는 어린이들을 위한 예배 영상을 따로 만들어 공급하지 않았다. 어린 자녀들까지 '대예배' 영상을 같이 보며 삼대가 함께 예배를 드렸다. 시간이 지나면서 두 자녀가 속한 교육부서의 예배 영상이 각각 만들어졌고 유튜브로 송출되었다. 이제 온 가족이 함께 '대예배 영상'을 보고 성인 가족이 다과를 나누는 동안, 자녀들의 영상이 순서대로 틀어진다. 첫째 아이 교육부서의 영상을 먼저 틀어주면 그 아이는 자기가 속한 부서의 예배 영상을 본다. 그 후 둘째 아이도 다소 산만한 분위기에서 영상으로 예배를 한다. 이렇게 되면서 아이들은 온라인 대예배 시간에는 잘 참여하지 않게 되

었다. '자기 예배 영상'이 따로 있다고 생각하는 것이다. 교회의 적극적인 사역이 가정에서 예상치 않은 결과로 이어진 것일까?

시간이 더 지나자 첫째 아이를 위한 교육부서의 현장 예배가 재개되었다. 순차적으로 재개되어 아직 어린 둘째 아이를 위한 현장 예배는 없다. 그러니 C의 가정은 엄마와 둘째 아이는 조부모와 함께 집에 남아서 예전처럼 가정에서 온라인 예배를 드리고 첫째 아이와 남편은 교회에 가서 현장 예배를 드린다. 교회에 도착하면 아버지는 어른들을 위한 대예배로 첫째 아이는 교육부서 예배로 흩어진다. 그런데 이제 곧 둘째 아이의 교육부서도 현장 예배를 재개한다고 한다. C는 "이번 주 ○○이(둘째의 이름) 오프라인 예배 시작인데 예배가 있는데 안 보내기도 그렇고 그런데 (전염될까 봐) 걱정도 되고 (…) 그러면 이제 [조부모님] 두 분이서만 예배를 드리시는데 그러면 좀 그러시겠고…."라며 걱정했다. 교회는 어린이와 청소년 등 교육부서의 현장 예배를 재개할 시점을 결정하며 모든 현장 예배의 정상화를 위해 노력하고 있다. 그렇게 하는 가장 중요한 이유 중 하나는 믿지 않는 가정의 아이들의 영적 안위를 걱정하고 그들을 다시 교회로 초청하기 위해서다. 물론 다른 이유는 정상화 차원에서 아이들 발달 수준에 맞추면서도 적실성 있는 그들의 영적인 필요를 채우는 말씀과 찬양이 있는 각 연령대의 현장 예배를 회복하기 위해서다. 그러나 이러한 정상화가 가족이 함께 드리던 예배를 다시 연령별로 각기 흩어져서 드리는 예배로 돌아가게 하고, 자녀와 손자 손녀가 떠나간 자리에 시니어들만 TV 혹은 컴퓨터 모니터 앞에 남게 한다고 생각하니 아이러니하게 들렸다.

5) 다양한 반응 - 'Inside Out'

물론 좋은 소식도 들려온다. 목회자 G는 "면대면으로 있을 때 말을 잘 안 하던 사람들이 비대면 상황에서 자신 있게 말한다." 라고 말했다. 오프라인에서보다 온라인에서 더 적극적으로 자신을 표현하는 것이다. 젊은 세대는 더 그럴 수 있다. 더 나아가서 E는 경기도에서 작은 교회를 개척하여 섬기는데 "영상으로 하니 부산으로 이사가 교회에 못 오던 예전 성도가 예배에 참여했어요. 그 성도가 전도도 했어요. 이번 주에 그 성도 심방하러 갑니다."라고 말했다. 시공간의 제약이 사라지니 멀리 이사 갔던 성도가 다시 예배에 참여하고 온라인 예배에 이웃을 전도하여 초청하고 목사님이 오프라인으로 새신자를 만나러 장거리 심방을 가게 된 것이다. G의 교회도 앞서 언급한 B 교회와 다르지 않은 규모이나, G는 새롭게 터득한 줌과 구글 미트를 활용해 온라인 예배와 교육을 진행하고 있었다. 그렇다고 목회자의 디지털 문해력이 이러한 차이를 가져온 것만은 아닌 것 같다. B 교회와 달리 온라인 예배를 시작하게 할 수 있었던 성도들의 영적인 성숙도, 교회에 대한 헌신 정도, 성도의 구성 등 여러 가지 요인이 있는 것 같다.

가정도 마찬가지다. 긍정적인 사례도 있다. 어떤 가정은 그동안 각자 삶에 바빠서 함께 모일 시간이 없었다가 코로나로 성장한 자녀를 포함해 가족이 모두 집에 있게 되어 함께 이야기도 많이 나누며 시간을 보냈다. 지난 몇 달 가족이 함께 성경을 읽기 시작해 두 번이나 통독했다는 대학생도 있다. 청년부에서 하는 성경통독 교육을 온라인으로 진행하니 부모님께 영상과 자료를 공유해 가족이 함께 성경 1독을 했다는 학생도 있었다. 그러나 함께 있는 시간이 길어지면서 갈등이 심화된 가정도 있다.

교역자에 대한 평가도 나뉘었다. 한 목회자는 부교역자들에 대해 이런 말을 했다. "목회자들 중에 섬김에 익숙한 교역자도 있고 그렇지 않은 교역자도 있다. 일대일로든 가정을 방문에서든 부지런히 성도를 돌아보며 오프라인 사역이 멈춘 후에도 열심히 사역을 하는 교역자가 있는가 하면, 그렇지 않은 교역자도 있다."라면서 "사역이 없으니까 마치 휴가를 얻은 것처럼 전도도 안 하고 어머니기도회도 안 하고 교구 심방도 하지 않고 상담도 안 하고 탁구 치고 하루 종일 노는 교역자가 있는가 하면, 그 시간에 심방도 하고 전화 심방도 하고 자기를 업그레이드하는 교역자도 있다."라고 말했다.

이처럼 코로나 19라는 외적인 충격은 동일했지만 반응은 달랐다. 문제가 표출되었든 숨겨져 있던 역량이 드러났든 간에 자극으로 인해 없던 것이 새롭게 생겨났기보다는 안에 가득하던 것이 밖으로 나온 것이 아닐까?

‖ 코로나 시대 교회의 자기 성찰

위와 같은 현장의 이야기, 긴 내러티브가 왜 필요할까? 한국 교회를 대표하거나 일반화할 수 있는 이야기도 아닌데 이러한 개별적 사례에 귀 기울여야 할 이유는 무엇일까? 이야기의 요점 혹은 어떤 사건의 결말만 짚어내고자 한다면 이 긴 이야기가 다소 상세하게 전해주는 묘사들은 정말 중요한 알맹이를 둘러싸고 있는 불필요한 껍질에 불과할 뿐이라 느낄 것이다. 그러나 긴 이야기들은 우리가 어디에 있는지 알게 해주고, 그 이야기 속에서 자기에게 맞는 적용과 던져야 할 질문과 풍성한 제언을 찾게 해준다. 상술한 이야기들은 면담의 성격상 그러한 목적에 이르기에는 턱없이 부족하다. 그러나 아래와 같은 자기 성찰적 질문과 제언을 하게 한다.

첫째, 코로나 19가 각 나라의 정부의 역량과 효율성, 시민사회의 성숙도와 신뢰도를 시험대에 올렸던 것만큼이나 코로나 상황은 한국 기독교의 문제점과 강점을 드러냈다. 코로나 19는 큰 충격이었지만 새로운 문제를 일으켰다기보다 안에 있던 것을 밖으로 끄집어내었다. 다시 말해 개인의 영성, 가정의 영적 분위기, 교회 공동체의 코이노니아의 질, 제자도, 재난에 대처하는 교회의 성숙도, 시민사회 내 역할에 대한 인식, 다음세대를 위한 교육 콘텐츠와 인프라 준비도 등 이미 존재하고 있던 성도와 사역자 개개인, 개별 교회 및 한국 교회교육의 약점과 강점을 드러내 보여 주었다.

C. S. 루이스(C. S. Lewis)는 《영광의 무게》에서 세계대전을 배경으로 다음과 같이 말했다. "현재의 재난을 올바른 시각에서 바라보려는 노력이 중요합니다. 전쟁이 완전히 새로운 상황을 만들어 내지는 않습니다. 원래부터 있던 상황이 더 이상 무시할 수 없을 만큼 악화될 따름입니다." 부정적인 면이 악화되는 것뿐 아니라 긍정적인 면이 빛을 발하게 되는 것도 위기의 순간이다.

특히 4차 산업혁명 시대로 인한 교육환경의 변화, 환경문제로 인해 더 잦은 주기로 찾아올 통제할 수 없는 상황에 대응할 온라인과 비대면 교육을 위한 교회의 역량을 보여주었다. 코로나로 인해 교회의 디지털 문해력과 온라인 교육 역량은 업그레이드된 것 같다. 코로나 이후의 사회변화를 예측하는 많은 사람은 코로나 19가 진정되고 백신이 개발되어도 이전으로 복귀된다고 말하지 않는다. 코로나 이전으로의 복귀를 논하기보다 현재의 온라인, 비대면 형태의 교육과 언택트 문화를 비롯한 변화가 '뉴노멀'이 될 것이라 말한다. 코로나 이후의 사회, 경제, 문화 등의 다양한 변화는 사실 코로나가 일으킨 새로운 변화라기보다는 4차 산업혁명과 기술의 발전으로 이미 일어나던 변화다. 그런데 여러 가지 제도적 문제와 사회적 저항에 눌려 있다가 코로나라고 하는 촉매를 만나 가속화된 것이다. 이러한 상황에서 소위 말하는 온라인과 오프라인을 포함하는 '올 라인(All Line)'을 교회가 예배와 교육에 활용하기 시작했다는 것은 고무적이다. 특히 성장하는 디지털 내러티브 세대 교육과 소통을 위해서뿐 아니라, 급변하는 사회문화에 적응해 가야 하는 긴 세대 중년과 고령 세대를 위해서도 고무적이다.

질 좋은 온라인과 오프라인 기독교교육 미디어콘텐츠가 개발되고 비대면 소통에서도 대면 소통에서 누리던 상호작용과 교제를 누리도록 최대한 도울 수 있는 기술들이 고안되어야 할 것이다. 라비 자카리아스(Ravi Zacharias)의 말대로 "눈으로 듣고 느낌으로 생각하는 세대"에게 주님을 증거하는 일에 헌신할 전문가들을 양성하는 것이 필요하다. 총회 교육국은 더 이상 전통적인 시스템의 파이프라인의 한쪽 끝에 생산자로 남아 있어서는 안 된다. 교육국 안의 인적 물적 내부 자원을 통제하는 통제 메커니즘을 유지하기보다는 훨씬 더 유연한 거버넌스를 이루어가야 한다(Parker, Alstyne & Choudary, 2016, 37-43). 교재는 체계성, 통합성, 연계성을 잘 갖춰야 하지만, 플랫폼과 인포멀러닝, 현장의 다양성을 고려할 때 훨씬 유연한 교육 과정을 만들어내야 한다. 쉽게 예측할 수 있던 규격화된 형식이 아니라 개발자와 교재를 활용하는 교사와 학습자들이 함께 참여하고, 자료를 공유하고, 자체적으로 업그레이드시켜나가는 현장의 독특성과 창의성이 발현될 교재를 제작해야 한다. 작은 교회를 위해서는 더욱더 그러하다. 무엇보다 복음 자체의 매력과 아름다움을 더 분명히 드러내는 교재를 개발해야 할 것이다.

그러나 주의해야 할 점이 있다. 앞서 '오프라인 프로그램을 온라인으로 그대로 가져온다면 그 효과가 반감'될 뿐이라는 참여자의 말처럼 온라인 소통과 미디어라는 매체의 성격을 이해하고 이를 교회교육에 활용해야 한다. 메리언 울프(Maryanne Wolf)의

《다시 책으로》에 따르면, 우리 사회는 "문해 기반 문화에서 디지털 기반 문화로 바뀌는 전환"을 겪고 있으며, 구술에서 문자 의존 사회로의 전환이 기억력이라고 하는 고도로 발달된 인간의 능력을 약화시켰다면, 디지털 기반 문화로의 전환은 우리로 하여금 "깊이 읽는 능력", 관조하고 묵상하는 능력을 잃게 할 위험에 처해있다고 주장한다(Wolf, 2019). 스크롤을 내리며 신속히 필요한 정보를 습득하는 온라인상에서의 듬성듬성 읽기와 흥미롭게 지나가는 빠르고 짧은 영상, 24시간 즉각적인 피드백을 주고받으며 서로에게 연결되어 살아가는 습관 속에서 사람들의 주의는 분산되고, 최대한 요약하고 단순화시킨 콘텐츠에 익숙하며, 모두가 "서로 유사한 외부 지식 서버에 의존"하여 정보를 탐색한다(Wolf, 2019, 95). 그러나 이러한 디지털 기반 문화에서 통용되는 습관과 익숙함이 기독교교육 방식에 적합한 것만은 아니다. 울프가 제언한 대로, 디지털을 활용한 교재와 교육콘텐츠 개발은 매체의 특성과 그 매체의 특성이 변화시키는 우리의 읽기와 쓰기와 소통의 습관, 인지적 능력, 주의의 질, 고요한 중에 이루어지는 묵상과 비판적 성찰과 신중한 선택의 능력과 공감 및 지혜의 습득과 실천의 문제까지 고려해야 한다.

유사한 맥락에서 퀸틴 슐츠(Quentin Schultz)가 《하이테크 예배》에서 경계한 것도 상기할 필요가 있다. 슐츠가 그 책을 쓰던 시기는 TV와 DVD가 나오고 기껏해야 파워포인트가 예배 시간에 활용되었다. 그는 한 교회를 소개한다. 그 교회는 "로테크 교회가 되기로 결정했다. 넘쳐나는 비디오와 DVD, 영화, 컴퓨터 제품들을 보면서 그는 이것들을 '따라잡으려는 시도'를 하지 않기로 결정했다." 에드문드 클라우니(Edmund Clowney)가 예배의 요소와 본질을 구분한 기준에 따르면, 멀티미디어는 예배의 요소는 아니어도 오늘날 다음세대의 사회문화적 환경에 자연스러운 예배의 환경일 수 있다. 그러나 주의해야 할 것은 기술 자체가 "문화적 적실성"이나 "영적 생동감"을 보장하지 않는다. 기술이 "그 자체로 불신자들을 끌어당기는 데 효과적이며 그들이 기독교 공동체에 신실하게 참여하도록 이끌어줄 수 있다는 증거는 전혀 없다."(Edmund, 2013, 110). 잘못 활용하거나 지나치게 강조하면 "신실한 삶을 사는 데 따르는 실제 비용에 대해 그릇된 상상을 심어줄 수 있다."고 슐츠는 말한다. 제임스 스미스(James Smith) 역시 그의 책《하나님 나라를 상상하라》에서 "젊은이들이 교회 안에서 즐거워하게 만드는 것과 그들을 그리스도의 몸의 역동적인 일원으로 형성하는 것은 전혀 다른 문제다."(Smith, 2018, 229)라고 지적했다.

두 번째 성찰은 성도 간의 교제와 관련된다. 참여자들의 말과 같이 몇몇 교회는 코로나 이전에 서로를 그리워하고, 서로의 안부를 궁금해하고, 영적이고 전인적인 필요가 가족과 같이 연결된 공동체를 만들지 못했던 것으로 보인다. 사회적 거리두기와 비대면 환경 속에서 성도 간의 교제 없이도 크게 아쉬운 점이 없었다면 교회공동체도 요즘 사회가 추구하는 공동체의 흐름과 같이 일부 관심사나 공유하는 '느슨한 연대'에 불과할 수 있다. 불편하고 어색하고 감정적인 스트레스가 쌓일 수 있는 소통보다는 편한 선택적 단절을 추구하는 세대와 그저 일주일에 한 번 교회에서 안부를 살피는 정도로 소통했던 공동체는 코로나로 인한 사회적 거리두기 기간에 그 거리를 좁힐 수 있는 어떤 것도 할 수 없었다. 일터와 지나다니는 길, 공원, 헬스장, 세탁소, 상점 혹은 카페 등 삶의 동선이 겹치지 않는 상황에서 물리적으로도 접촉할 수도 없었고 사회적 거리를 비대면 다리 놓기로 좁혀 볼 수 있는 아무런 정서적 접촉점도 멀리 있는 성도 개인의 삶에 개입할 틈도 얻지 못했다. 광역 교회가 아닌 동네 교회, 누군가가 표현한 것과 같이 "로컬의 회복"이 이 문제를 해결할 수 있을까? 공동체 모임을 위해서 집을 개방하는 것이 큰 짐이 되어버린 교회의 중산층 문화 혹은 편리함과 효율성을 추구하는 교회 문화가 문제일까? 지역 교회의 교회론적 비전, 교회에서만이 누릴 수 있는 코이노니아의 비전이 잊힌 것일까? 크리스천 스미스(Christian Smith)가 말한 대로 신앙생활도 자기 계발의 일환으로서 개인주의적인 영성 추구로 변질시킨 교회와 사회의 소비주의적인 문화가 문제인가? 로버트 퍼트넘(Robert D. Putnam)이 보았던 대형교회 목회자들이 가졌던 사회적 신뢰와 사회적 자본을 형성하던 능력이 힘을 발하지 못하는가? 많은 질문이 떠오른다.

세 번째로 우리가 물어야 할 자기 성찰적인 질문은 '오늘날과 같은 코로나 상황에서 기독교교육에 있어서 어린이 혹은 청소년부서 현장예배의 부활이 어느 정도로 그리고 어떤 이유로 중요한 이슈인가?'이다. 코로나로 인해서 처음으로 TV 모니터 앞에 삼대가 함께 온라인 예배를 드리기 위해서 모여 앉았던 가정 이야기를 기억할 것이다. 아이들을 위한 예배 영상이 만들어지면서 각자의 영상 예배에 집중하게 되고, 첫째 아이와 둘째 아이의 현장 예배가 재개되면서 가족이 다시 흩어져서 예배를 드리게 되는 상황에 관한 묘사였다. 예배가 정상화된다는 것은 좋은 일이다. 그러나 코로나 상황을 겪으면서 그 정상화가 가져오는 예상치 못한 함의를 보게 된다. 다니엘 하이즈(Daniel R. Hyds)는《아이들이 공예배에 참석해야 하는가》라는 책에서 예배 안에서의 어린아이들의 위치는 발달심리학이나 교육학에 의해서 보다는 신학적으로 성경의 해석에 근거해서 결정되어야 할 문제라고 보았다. 그리고 어린아이들의 공예배 참석 여부가 교회의 본질에 관한 문제는 아니지만 "교회의 안녕"에 유익이 되며 "가장 좋은 실천 사항"이라고 주장했다(Hyols, 2019, 20).

어린이와 청소년을 위해 연령대에 맞는 교육 혹은 예배 영상을 만들어 보급하는 것도 교육부서 현장 예배를 다시 시작하는 것도 중요하다. 특히 믿지 않는 가정의 아이들을 위해 그렇다. 하지만 모처럼 시작한 부모들의 가정사역에 더 힘을 실어 주었으면 어땠을까? 공예배 영상에 아이들도 초청하는 예배로의 부르심이 선포되고 이들을 위한 짧은 설교 말씀이 있고 어른 설교로 이어졌으면 어떠했을까? 어린이 혹은 청소년 '예배 영상'을 따로 만들기보다 가족과 함께 들은 말씀에 대한 적용을 돕는 '활동이나 교육 영상'을 만들었으면 어땠을까? 아니 온 가족이 예배 영상을 바라보게 하는 대신 각 가정의 믿음의 가장들을 교육하여 그들이 가정예배를 매주 인도할 수 있도록 도왔다면 그들을 도울 수 있는 원고와 교육자료, 영상 등이 각 사람의 수준에 따라 공급되었으면 어땠을까? 그리고 목회자들이 리처드 백스터(Richard Baxter)가 《참된 목자》에서 언급했듯이 집집마다 방문하여 가정예배가 잘 드려지고 있는지, 코로나 기간에 영적으로 메마르거나 우울해진 성도는 없는지, 게으름과 유혹에 빠진 성도는 없는지, 주일 오후는 거룩하게 지키고 있는지 살폈다면 어땠을까?

네 번째 성찰은 코로나 상황에서 한국 교회가 전염병이 창궐하던 도시에서의 초대교회만큼 빛을 발하지 못했다는 사실이다. 숨겨진 많은 그리스도인의 헌신이 있었겠지만, 교회는 자기문제에 집중하고 있었다. 《기독교의 발흥》에서 로드니 스탁(Rodney Stark)은 초대교회의 부흥의 이유를 종교사회학적으로 설명했다. 끊임없는 자연재해와 도시 위생의 문제와 높은 밀집도, 정복전쟁으로 새로운 이민자의 유입으로 인한 반복되는 전염병, 인종적인 갈등과 사회적 혼란, 로마 콜로세움에서 벌어지는 잔인함과 야만성은 그레코-로만 도시들의 일상이며 참상이었다. 그 안에서 보여준 기독교인의 미덕, "저들이 얼마나 서로 사랑하는지 보라."고 감탄하게 했던 성도 간의 사랑과 고대 사회에서는 이상하게 비칠 정도로 가족과 민족을 넘어 낯선 민족에게도 확장되었던 자비와 긍휼, 애착관계와 신뢰에 근거한 사회적 안전망 및 생존율의 확대, 이 모든 것을 가능하게 해 준 교리의 힘, 다른 종교가 설명하지 못했던 전염병과 같은 재난에 대한 해석과 실천적 함의 등이 안디옥과 같은 비참함 속에 있던 도시를 재활성화시켰다고 설명한다. 그뿐 아니라 1세기 팔레스타인 땅, 세계의 한구석에서 박해받던 소수의 종교가 부흥을 이루고 로마의 국교가 되는 놀라운 일이 벌어진 이유라고 설명한다. 그러나 코로나 상황에서 한국 교회는 성도들 간의 사랑에서도 시민사회와 도시의 재활성화 기여에 있어서도 초대교회만큼 선한 영향력을 미치지 못했다.

물론 맥올리(Esau McAulley)가 <뉴욕타임스> 기고문에서 잘 지적했듯이 오늘날 교회가 처한 상황은 새롭다. 역사적으로 자연재해, 전염병, 테러, 인종차별, 민주화 시위 등의 사회적 곤경에서는 성도들의 간호와 섬김, 교회 건물을 피난처로 내어주는 것을 포함하는 교회의 "현존(presence)"이 믿지 않는 사람들에게 위로와 미덕이 되었다면, 코로나 상황에서는 어떤 면에서 사회가 우리의 "부재(absence)"를 원한다. 교회가 예배와 통성기도와 소그룹 활동을 삼감이 도리어 전염병에 취약한 사람을 구할 수 있고 불안한 사회적 분위기를 안정시키는 데 도움이 된다고 느낀다는 면에서 다르다. 이러한 상황에서 어떻게 다르게 대응할 수 있었을까? 누군가는 교회의 공공성 회복을 말하고, 누군가는 예배와 소그룹의 중지에 대한 행정 명령이 정부의 교회에 대한 비합리적이고 편향된 핍박이라고 우려하기도 한다. 세상에서 일부 학자들은 교회가 그동안 공간과 리더를 중심으로 한 권력으로 조직을 유지해왔기 때문에 코로나 이후 뉴노멀이라는 상황에 적응하기 어려운 구조를 가졌다고 염려해준다. 사실에 근거하거나 교회의 신학과 역사에 대한 정확한 인식에 근거한 비판이나 염려가 아니라 할지라도 혹은 미디어 시대에 교회가 이미지 관리에 실패한 것이라 할지라도 적어도 사람들에게 교회는 그렇게 비쳤다.

∥ 성령의 충만한 내주하심과 약함의 신학이 회복되기를 바라며

현재와 포스트 코로나 시대 교회에게 가장 필요한 것은 마르바 던(Marva Dawn)이 말한 "하나님의 내주와 약함의 신학"을 회복하는 것이 아닐까(Dawn, 2016, 53). 어떤 분이 행정 명령으로 인해 헌혈버스를 교회에 주차하지 못하게 해서 속상해 하는 것을 들었다. 교회의 이름으로 헌혈을 못 해서 속상한가? 그럴 수 있다. 그러나 약하고 공격받기 쉬운 상태가 된다고 교회가 약해지는 것은 아니다. 바벨론 유수를 경험한 이스라엘이 그러했고 초대교회가 그러했다. 포스트 크리스텐덤 시대를 준비하게 하는 글들이 지적하듯 사회와 대다수의 사람이 기독교에 관심이 없고 더 나아가서는 기독교인이 하는 행위와 말을 혐오하는 시대를 살아간다(장동민, 2019; Dreher, 2019). 한국 교회는 이제 경제적·사회적 자본과 힘을 가졌던 중앙에서가 아니라 주변부 혹은 '변방'에서 성경을 읽고, 연약함을 통해서 그리스도의 내주하심을 드러내고, 통제할 수 없는 세상에서 소망하기와 성도간의 교제를 다시 배워야 한다(장동민, 2019; Dawn, 2008; Hawerwas, 2019). 바벨론에서 살아가며 그 도시의 평안을 빌고, 이웃을 향해 선한 양심을 가지고 열린 네트워크를 유지해야 한다.

포스트 코로나 시대 교회교육의 디자인의 밑그림은 복음을 부탁받은 한 명의 신실한 제자가 다른 제자를 삼는 생명력의 회복이다. 연약해져서 더 이상 주위 사람들에게 선한 영향력과 복음을 흘려보낼 수 없는 성도들의 은혜를 증진시키는 일로부터 시작되어야 한다(딤후 2:2). 《참된 목자》에서 백스터가 말한 대로 은혜를 증진시키는 일은 어려운 일이며, 연약해진 성도들은 "하나님 안에 있는 우리의 위로와 기쁨이 줄어들며, 지혜의 길들을 가다가 맛보는 달콤함은 사라지고, 하나님과 사람을 섬기지 않게 되며, 그리하여 주님께 영광을 돌리지 못하게 되고, 주위에 유익을 끼치지도 못하게" 된다(Baxter, 2008, 127). 캠페인이나 프로그램, 기술은 중요하다. 성도들의 은혜 증진과 그들이 그리스도 예수 안에 있는 은혜 가운데 강해져서 다른 제자를 키워낼 수 있는 생명력 있는 혹은 전염성 있는 제자가 되도록 돕기 위해서 중요하다. 그리고 교회가 이 세상의 "문화 속에 없는 것, 곧 그리스도의 내주를 공급"하는 공동체의 역할을 회복하기 위해 중요하다(Dawn, 2008, 166).

"내 아들아 그러므로 너는 그리스도 예수 안에 있는 은혜 가운데서 강하고 또 네가 많은 증인 앞에서 내게 들은 바를 충성된 사람들에게 부탁하라 그들이 또다른 사람들을 가르칠 수 있으리라"(딤후 2:1~2).

참고문헌

lstyne, Marshall W. Van, Parker, Geoffrey G., Choudary, Sangeet Paul (2017). 플랫폼 레볼루션. 이현경 역. 부키.

Baxter, Richard (2008). 참된 목자. 지상우 역. 크리스천다이제스트 (CH북스).

Dawn, Marva (2016). 세상권세와 하나님의 교회. 노종문 역. 복있는 사람.

Dreher, Rod (2019). 베네딕트 옵션. 이종인 역, IVP.

Hawerwas, Stanley (2018). 덕과 성품. 홍종락 역. IVP.

Hyds, Daniel R (2019). 아이들이 공예배에 참석해야 하는가. 유정희 역. 개혁된실천사.

McCaulley, Esau (2020). *The Christian Response to the Coronavirus: Stay Home*. In New York Times (March. 14).

Schultze, Quentin J. (2006), 하이테크 예배. 박성창 역. IVP.

Smith, James. K (2018). 하나님 나라를 상상하라. 박세혁 역. IVP.

Stark, Rodney (2016). 기독교의 발흥. 손현선 역. 좋은 씨앗.

Wolf, Maryanne (2019). 다시, 책으로 : 순간접속의 시대에 책을 읽는다는 것. 전병근 역. 어크로스.

장동민 (2019). 포스트크리스텐덤 시대의 한국기독교. 새물결플러스.

코로나 이후,
교회교육을 디자인하다

지은이 | 권순웅, 김수환, 라영환, 방성일, 유은희, 함영주, 허계형
펴낸이 | 박상란
1판 1쇄 | 2020년 9월 15일

펴낸곳 | 피톤치드
교정 | 강지희   **디자인** | 황지은
경영 · 마케팅 | 박병기

출판등록 | 제 387-2013-000029호
등록번호 | 130-92-85998
주소 | 경기도 부천시 길주로 262 이안더클래식 133호
전화 | 070-7362-3488
팩스 | 0303-3449-0319
이메일 | phytonbook@naver.com

ISBN | 979-11-86692-51-6 (03230)

「이 도서의 국립중앙도서관 출판예정도서목록(CIP)은 서지정보유통지원시스템 홈페이지
(http://seoji.nl.go.kr)와 국가자료공동목록시스템(http://www.nl.go.kr/kolisnet)에서 이용하
실 수 있습니다.(CIP제어번호: CIP2020035131)」

*들음과봄은 피톤치드 출판사의 기독교 브랜드입니다. '성경을 통해 하나님의 말씀을 듣고
  본다'는 뜻과 '내면의 소리를 들으며 책을 본다'는 의미를 담았습니다.